Der Autor
Michael Schwelien, Jahrgang 1948,
ist langjähriger Redakteur der *Zeit*.
Er ist ein versierter Protokollant
politischer Ereignisse und Experte für
Auslandsthemen. Seine Biographien
Joschka Fischer – Eine Karriere (2000)
und *Helmut Schmidt – Ein Leben
für den Frieden* (2003) wurden als
«brillant» *(Der Spiegel)* gelobt.
Michael Schwelien lebt in Hamburg.

Michael Schwelien

Das Boot ist voll

Europa zwischen Nächstenliebe und Selbstschutz

marebuchverlag

Die Deutsche Bibliothek verzeichnet diese
Publikation in der deutschen Nationalbibliografie;
detaillierte bibliografische Daten sind im Internet
unter http://dnb.ddb.de abrufbar.

1. Auflage 2004
© 2004 by **mare**buchverlag, Hamburg
Alle Rechte vorbehalten,
auch das der fotomechanischen Wiedergabe

Lektorat Heiko Arntz, Wedel
Umschlaggestaltung ⓢ sans serif, Berlin
(Umschlagabbildung © picture alliance/dpa)
Typografie
Farnschläder & Mahlstedt Typografie, Hamburg
Schrift Excelsior
Druck und Bindung Clausen & Bosse, Leck
Printed in Germany
ISBN 3-936384-47-9

Von **mare** gibt es mehr als Bücher:
www.mare.de

Ich bedanke mich bei
Gabriele Hanke
für die Recherchehilfe, die Dokumentation
und das sorgfältige Gegenlesen des Texts.
M.S.

Beitritt europäischer Staaten zum Schengen-Verbund

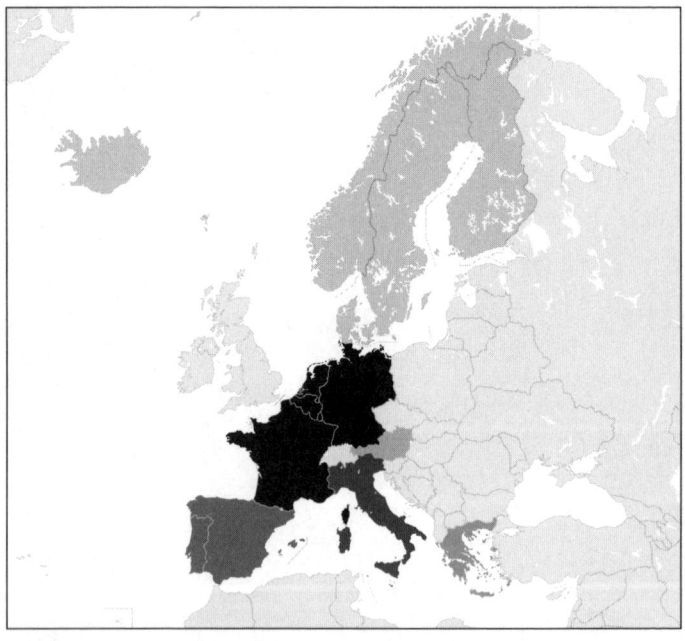

■ 1985 *(Inkraftsetzung: 1995)* Belgien, Deutschland,
  Frankreich, Luxemburg, Niederlande
■ 1990 *(1997)* Italien
■ 1991 *(1995)* Spanien und Portugal
■ 1992 *(2001)* Griechenland
■ 1995 *(1997)* Österreich
□ 1996 *(2001)* Dänemark, Finnland, Schweden sowie die
  Nicht-EU-Staaten Island und Norwegen

Inhalt

«Heißt jeden willkommen»

■ Der Tod im Wasser kommt nicht schnell, und er ist auch nicht gnädig. Selbst die wärmeren Gewässer sind draußen, unweit der Küsten, viel zu kalt für Menschen. Wer über Bord geht, erfriert, während er noch kämpft, Wasser schluckt und schon weiß, dass er keine Chance mehr hat zu überleben. An Bord sterben Menschen noch langsamer, noch qualvoller. Sie verdursten, sie werden zerquetscht, Frauen verbluten, während sie ein Kind zur Welt bringen. Tausende kommen auf diese Weise um auf dem Weg nach Europa. Es sind Immigranten, Illegale, Menschen, die vor Armut, Elend und Kriegen fliehen. Unter den heutigen Boatpeople finden sich, kein Zweifel, auch viele, denen es gar nicht so schlecht ging in ihrer Heimat, Menschen, für die Franz Josef Strauß einst den Namen «Wirtschaftsflüchtlinge» fand, um sie von Asylbewerbern zu unterscheiden, die Deutschland damals noch großzügig aufnahm. Sie werden angelockt vom goldenen Europa, dem Kontinent, der mehr Einwanderer anzieht als jeder andere. Und viele von ihnen sterben auf den Meeren, die dieses Europa, das westliche, reiche, umgeben.

Sie kommen von weit her, aus Pakistan und China, aus den Gebieten der Kurden im Irak, im Iran, in Syrien und der Türkei, sie kommen aus Osteuropa über den Balkan, aus

Marokko und Tunesien, und mehr und mehr aus dem Afrika südlich der Sahara, von wo aus sie erst einmal tausend Kilometer trecken, große Strecken zu Fuß, bevor sie den letzten, kürzesten Teil der Reise, die Passage nach Europa, antreten.

Die einfachste Passage scheint jene über die Adria zu sein, die Strecke von Albanien zum italienischen Apulien, südlich vom Sporn des Stiefels. Die Schnellboote der Schlepper schaffen die Strecke in einer lauen Sommernacht in wenigen Stunden. Die kürzeste geht über die Straße von Gibraltar, den «Estrecho», wie die Spanier die nur vierzehn Kilometer messende Meerenge nennen. Trotz der geringen Distanz spielt sich gerade dort eine unvorstellbare Tragödie ab. Im Estrecho sind in den fünf Jahren von 1997 bis 2002 etwa zehntausend Menschen umgekommen. Die Zahl stammt von der marokkanischen Hilfsorganisation «Freunde und Angehörige von Opfern der geheimen Immigration». Eine Hochrechnung, und eine eher vorsichtige. Im selben Zeitraum sind die Leichen von 3286 Bootsflüchtlingen an den Küsten Südspaniens und Nordmarokkos gefunden worden.

Der Estrecho wird mittlerweile, ebenso wie die Adria an der engsten Stelle, von den Grenzwachen geschützt wie einst die innerdeutsche Grenze. Aber mit moderneren Mitteln. Hochsensibles Radar, Infrarotgeräte, Ultraschallanlagen zum Durchleuchten ganzer Lastwagen, Hubschrauber, modernste Patrouillenboote, High-Tech-Ortungssysteme und Satelliten werden zum Schutz der Festung Europa eingesetzt.

Die Schlepper indes, die den Grenzschützern immer einen Schritt voraus sind, in jeder Hinsicht, haben sich längst für neue Routen entschieden – ohne die alten dabei ganz aufzugeben. Seit einigen Jahren fahren sie nun mit «Pateras», kleinen Holzbooten, die früher zum Fischen in den Küstengewässern benutzt wurden, über den offenen Atlantik. Vom südlichen Marokko zu der nächsten der Kanarischen Inseln, Fuerteventura, sind es hundert Kilometer. Leichen werden hier nur dann gezählt, wenn die Pateras es bis fast an ihr Ziel geschafft haben, dort aber an den spitzen Felsen zerschellt sind. Wie an jenem 31. Juli und 1. August des Jahres 2003, als die Guardia Civil an der «Costa de la muerte», wie sie die Traumbuchten Fuerteventuras und des benachbarten Lanzarotes nennt, innerhalb von achtundvierzig Stunden zehn tote Afrikaner barg und hundertdreiundvierzig Illegale festsetzte.

Die Albaner haben sich darauf eingestellt, vor der Küste Apuliens südwärts abzudrehen, wenn sie mit ihren – noch neueren, noch teureren – Geräten die italienische Küstenwache ausmachen. Sie fahren dann mit ihren Booten, die schneller sind als die der Küstenwache, um den Absatz des Stiefels herum, laden ihre menschliche Fracht in Kalabrien oder Sizilien ab, wo sie, wie auch in Apulien, von Helfern eigener und befreundeter Mafia-Banden in Empfang genommen werden.

Segelyachten unter deutscher Flagge legen völlig ungetarnt in den malerischen Buchten des nun wieder friedlichen Montenegros und Kroatiens ab. Ihre Eigner, darunter der eine oder andere gut situierte Geschäftsmann, bessert seine Urlaubskasse um einige tausend Euro auf, indem er eine Gruppe Luxusflüchtlinge zu einer der nahen griechischen Inseln schippert. Dann sind sie in einem Schengen-Staat und können weitgehend unbehelligt, ohne weitere Pass- und Zollkontrollen bis zum Bodensee, ja bis zur Bretagne oder bis zum Nordkap weiterreisen. Das Europa ohne Binnengrenzen steht ihnen offen.

Nahezu unbemerkt werden inzwischen auch die griechischen Inseln im östlichen Mittelmeer angesteuert. Hunderte eignen sich für eine klandestine Landung. Keine Marine, keine Küstenwache passt dort auf, nicht einmal ein Dorfpolizist. Die Schiffe, die irgendwo im Dodekanes zwischen den großen zwölf Atollen anlegen, kommen nicht unbedingt nur von den nahen Häfen der Türkei und des Nahen Ostens. Manche sind in Marokko in See gestochen und haben das ganze Mittelmeer von West nach Ost durchfahren.

Seit dem Beitritt der skandinavischen Länder zum Schengen-Pakt sind auch diese zum Ziel der illegalen Einwanderer geworden. Wer in Helsinki angekommen ist, kann sich in ein Auto setzen und bis in die Algarve, dem südwestlichsten Eck Europas, fahren, ohne je an einer Grenze anhalten zu müssen. Es ist nicht bekannt, ob auch die Ostsee eine Fluchtroute zu Reichtum und Sicherheit ist. Es sind noch keine Fälle von illegalen Landungen dokumentiert worden. Aber dies ist sicher: Unter denen, die mit Touristenvisa, gültig bis zu drei Monate, von den Fähren steigen, sind viele, die nicht vorhaben, das Schengen-Europa in einem Vierteljahr wieder zu verlassen. Die Osteuropäer bleiben einfach, schlagen sich mit Schwarzarbeit zu Niedrigstlöhnen durch, sparen das Geld, das zu Hause ein Vielfaches wert ist, in der Hoffnung, eines Tages ein kleines Geschäft eröffnen und ein Haus bauen zu können.

Der Strom der Flüchtlinge geht auch durch die Nordsee. Großbritannien, welches das Schengen-Abkommen nicht unterzeichnet hat, ist seit langem ein Einwandererland, das für Menschen aus den Staaten des Commonwealth traditionell offener war als für andere. Heute wollen aber weit mehr Chinesen, Inder und Pakistani nachziehen, als es den britischen Behörden lieb ist. Auf ihrer Wanderung nach Westen sammeln sie sich in den Fährhäfen Belgiens und Hollands. Andere springen auf die Züge durch den Eurotunnel, der die

Insel mit dem Festland verbindet. Wieder andere wollen den umgekehrten Weg gehen, wollen von Großbritannien in die Schengen-Staaten reisen, weil sie dort Verwandte haben oder ihnen jemand eine Arbeit in Aussicht gestellt hat. An den Tunneleingängen und in den Lastwagen auf den Zügen und Fähren, auch dort, ereignen sich tagtäglich Dramen.

Immer wieder schafft es ein Schiff voller Illegaler nach Lampedusa, der italienischen Insel südlich von Sizilien, von Tunesien wenig mehr als hundert Kilometer entfernt. Davon hört und liest man in den Medien in aller Regel nichts. Wenn aber eine Schaluppe, wie jene voller Somalier im Spätsommer 2003, in schwere See gerät und tagelang herumtreibt, wenn die Passagiere des Geisterschiffs sich über die Kadaver ihrer verdursteten und verhungerten Mitreisenden hermachen, bevor sie von der Küstenwache geborgen werden, wenn sie also überleben, um ein wenig über ihre Horrorfahrt zu berichten, dann wendet sich auch die europäische Öffentlichkeit einen Moment dem Schrecken auf dem Meer zu. Aber nur für einen kurzen Moment.

Pfarrer Leo Argento las in der kleinen Kirche auf Lampedusa eine Messe für die schätzungsweise achtzig Toten, die am Ende ihres langen Fluchtweges vom Horn von Afrika zum italienischen Stiefel umgekommen war. Unter den Trauernden waren keine Angehörigen. Wie auch? Es kamen aber die Ordnungskräfte, die, hin und her gerissen zwischen ihrem Auftrag, die Illegalen zur Rückkehr zu zwingen, und ihrem Drang, den Bedauernswerten zu helfen, in Gewissensnöte geraten waren. Der Priester sagte ihnen: «Wir sind alle verantwortlich, wir sind die reiche Welt, und vor uns steht die Dritte Welt, die an Hunger stirbt.»

Leo Argento erinnerte daran, dass er die Küstenwache erst drängen musste, damit sie auslaufe und den elenden Kahn berge. Für ihn gibt es kein Wenn und Aber: «Wir sind alle verantwortlich.»

In Andalusien wird nahezu jede Hacienda von Illegalen bewirtschaftet. Sie pflücken die Tomaten und die frühen Erdbeeren für uns. In den Gasthöfen Italiens würden die Zimmer nicht für uns aufgeräumt, die Gärten nicht so schön mit Oleander, Hibiskus und Jasmin bepflanzt, wenn die Illegalen nicht wären. Und die Afrikaner, die die Reste von den Pizzaplatten und den Spaghetti-Tellern bei unserem Lieblingsitalienier spülen – wer glaubt allen Ernstes, dass sie alle legal mit Pass, Einreisestempel und Arbeitserlaubnis zu uns gekommen sind? Der Westen ist abhängig von den Illegalen. Die Illegalen verrichten diejenigen Arbeiten, die früher von den Gastarbeitern erledigt wurden. Und in den Ländern der Gastarbeiter von einst, die wie Italien, Spanien, Portugal, Griechenland durch das Zusammenwachsen Europas inzwischen zu Wohlstand gekommen sind, dort schuften sie auf den Ländereien und in den Betrieben, zu denen die Gastarbeiter nicht mehr zurückkehrten.

Aber wir sind nicht nur verantwortlich, weil wir reich sind und sie arm. Wir sind verantwortlich, weil wir zulassen, wie Menschen gekauft, gefangen gehalten, verschleppt und ausgebeutet werden, und dies direkt vor unseren Augen.

Das Boot ist voll? Unser turbinengetriebener Luxusliner? Ohne Zuwanderer würde unsere Gesellschaft vergreisen. Nicht nur bei uns, überall in Europa gehen die Geburtenzahlen so dramatisch zurück, dass schon die nächste Generation in die missliche Lage geraten wird, in der auf jeden Berufstätigen ein Rentner kommt. Arbeitsmarktexperten beim Bundesverband der Deutschen Industrie schätzen, dass mindestens fünfzig Prozent der Illegalen in Deutschland sofort legalisiert werden könnten. Was wäre da klüger, als die illegale Einwanderung an der Wurzel zu packen und unsere Tore und Häfen für einen geregelten Zuzug, mit der Möglichkeit zur Integration und der Aussicht auf Staatsbürgerschaft, zu öffnen?

Das zentrale Anliegen der unionsgeführten Regierung von 1983 bis 1998 im Rahmen der Schengen-Verträge war hingegen, die europäischen Außengrenzen abzuschotten. Sie steckte weit mehr Geld, ein Vielhundertfaches, in die Aufrüstung der Grenzwachen als in die Möglichkeiten zum Zuzug und zur Integration. Und die rot-grüne Bundesregierung folgte ihr darin im Grunde. Dabei trumpfte sie zunächst mit einer kleinen, mehr werbewirksamen als praktischen Idee auf, der von Außenminister Joschka Fischer ersonnenen «Green Card» für Computer-Fachleute, und mit einer großen Reform, die eine Jahrhundertreform hätte werden können, der von Innenminister Otto Schily auf den Weg gebrachten Initiative für ein Zuwanderungsgesetz. Die Green Cards wurden zu selten vergeben und mit zu vielen Auflagen versehen, um wirklich attraktiv zu sein, und das Zuwanderungsgesetz wurde mit einem gezielten Fangschuss zur Strecke gebracht, wobei nicht ganz klar ist, wem die Jagdtrophäe gebührt: dem bayerischen CSU-Innenminister Günther Beckstein oder eher dem hessischen CDU-Ministerpräsidenten Roland Koch.

Gerade sie, die Christlichsozialen und die Christdemokraten, sollten sich an die Worte erinnern, die der Papst am 2. Dezember 2002 sprach. Johannes Paul II. forderte an diesem Tag, dem Weltflüchtlingstag der katholischen Kirche, Christen in aller Welt dazu auf, Flüchtlinge nicht abzuweisen. Er verlangte auch von den Immigranten etwas, nämlich, dass sie Gesetze, Kultur und Traditionen ihres Aufnahmelandes respektierten. Nur so werde sich «soziale Harmonie» durchsetzen. Der gebürtige Pole wusste auch von denen, die ihr

Geschäft mit dem Flüchtlingselend betreiben. Oft würden die Schwächsten, Frauen und Kinder, sagte er, die Opfer skrupelloser Menschenhändler.

So mahnte der Heilige Vater: «Es ist eine christliche Pflicht, jeden willkommen zu heißen, der aus der Not heraus an der Tür klopft.»

Wie gerne würde man Johannes Paul zustimmen! Aber allen, die aus der Not heraus zu uns kommen wollen, die Tür zu öffnen, bedeutete am Ende, niemanden wirklich helfen zu können. Sosehr man sich wünscht, Elend, Hunger, Gewalt und Kriege für alle Zeiten verbannen zu können, so weiß man doch, dass dieser Wunsch nie in Erfüllung gehen wird.

Dieses Buch handelt von Menschen, die Europa vor einem unkontrollierten Flüchtlingsansturm schützen, Menschen wie General Sbarra von der italienischen Finanzpolizei. Es handelt ebenso von Menschen, die sich selbstlos für die Immigranten aufopfern, die in den reichen Westen gelockt oder mit nackter Gewalt hierher verschleppt werden, Menschen wie Schwester Lea Ackermann, die vielen in die Prostitution geratenen jungen Frauen Wege aus dem Elend weisen konnte. Es handelt von den Gesetzen, den Regeln und Statistiken, die den wenig beachteten Krieg an unseren Grenzen bestimmen. Und es zeigt einen Weg aus dem Dilemma, einen dritten Weg zwischen Ausbeutung und Abweisung. ■

Der Krieg des dritten Jahrtausends

■ Lähmende Hitze, Übelkeit erregender Gestank und gellendes Geschrei füllten den Hafen. Ein Frachter, der so rostig war, dass man nicht glauben mochte, er könne noch schwimmen, hatte an der Mole festgemacht. An Bord befanden sich zehntausend Albaner, vielleicht mehr. Männer, unrasiert, in speckigen Jacken und zerfransten Hosen, begannen zu Hunderten, sich an den Trossen hinabzuhangeln. Frauen heulten wie Klageweiber, hielten Babys und kleine Kinder. Schmieröl und Rostflecken störten die gespenstischen Figuren auf dem Schiff schon längst nicht mehr. Sie kletterten an den Bordwänden hinab, halfen einander mit Räuberleitern, manche sprangen. Die Carabinieri, die Männer von der Marine und der Küstenwache, die Finanzpolizei, sie alle, die wie bei einer drohenden Invasion zum Hafen beordert worden waren, fürchteten um ihre sauberen Hände, um ihre tadellos gebügelten Uniformen. Sie hielten Abstand. Die Elenden wussten nicht so recht, was sie jetzt tun sollten. Sie setzten sich mit trotzigem Blick irgendwo auf der Mole hin.

Es war der 8. August 1991. Das Schiff war aus der albanischen Hafenstadt Durrës gekommen. Es hatte die an dieser Stelle weniger als hundert Kilometer breite Adria überquert und war dann vor der apulischen Küste eine Zeit hin und her gekreuzt auf der Suche nach einem Hafen. Die *Vlorë* hatte Kurs auf Brindisi genommen. Die Flüchtlinge hatten den Kapitän des 9000-Tonnen-Frachters dazu gezwungen, nachdem sie das Schiff gekapert hatten. In Brindisi aber sperrten die Behörden die Hafenzufahrt, ließen den Kapitän wissen, dass er hier nicht einlaufen dürfe. Darauf zwangen ihn seine mit Eisenstangen, Messern und Pistolen bewaffneten Landsleute, nach Norden zu fahren.

Die italienische Fregatte mit dem symbolträchtigen Namen *Euro* stellte sich der *Vlorë* in den Weg. Ihr Kapitän hatte aus Rom Order bekommen, das Flüchtlingsschiff nirgendwo in Italien landen zu lassen. Doch der Rostfrachter hielt gerade auf das grau glänzende Kriegsschiff zu. Die *Vlorë* hätte die *Euro* gerammt, wenn diese nicht rechtzeitig abgedreht wäre.

Noch vor der Hafeneinfahrt versuchten die Italiener erneut, die Invasion der Hungerleider abzuwehren. Ein ganzes Dutzend Patrouillenboote stellte sich in einer Reihe dem albanischen Frachter in den Weg. Auch sie drehten ab. Die *Vlorë* wäre glatt über sie hinweggefahren. Sein Schiff sei nicht mehr zu steuern, funkte der Kapitän, er habe Kranke und sterbende Kinder an Bord.

So wurde er schließlich in den Hafen von Bari manövriert, machte in der Hauptstadt Apuliens fest, am Kai Nummer 20. Bari ist die Stadt, in der im 13. Jahrhundert der staufische Kaiser Friedrich II. seine Sarazenen angesiedelt hatte, die ihn von hier aus zu den Kreuzzügen gegen die eigenen mohammedanischen Glaubensgenossen begleiteten, die Stadt, in deren Umgebung viele Albaner die Felder bestellen – als Eigentümer –, Albaner, die vor dem Zweiten Weltkrieg übergesiedelt waren, legal.

Hunderte waren vor dem Vertäuen des Frachters bereits

von Bord gesprungen und an Land geschwommen. Sie fielen, sobald sie festen Boden betreten hatten, auf die Knie, flehten um Hilfe und um das Recht, bleiben zu dürfen. An den Masten und Ladebäumen hingen weiterhin ganze Menschentrauben. Die Plätze an der Reling waren so schnell wieder besetzt, wie die Schwimmer sie frei gemacht hatten. «Viva Italia»-Rufe waren zu hören.

Einige Ärzte, die schließlich an Bord gingen, fanden blutende Mütter, die auf der kurzen Passage Fehlgeburten erlitten hatten. Sie wateten durch Kot, Urin und Erbrochenes. Sie entdeckten die Leiche eines jungen Mannes, anscheinend war er durch Stiche in den Unterleib ermordet worden.

Der Arzt Paolo Brindicci vom Roten Kreuz, der gleich am Morgen in den Hafen geeilt war, bemerkte, dass nur Krankenwagen privater Hilfsorganisationen im Hafengebiet zu sehen waren. Die Gesundheitsbehörde, die über das Gros der Fahrzeuge verfügt, hatte es nicht für nötig erachtet, ihre Fahrer auszuschicken, gar jemanden aus dem Urlaub zurückzubeordern. Dabei hatte Innenminister Vincenzo Scotti versichert, Italien werde selbstverständlich humanitäre Hilfe leisten, die Kranken versorgen und Lebensmittel verteilen. Das war die offizielle Linie. Aus gut informierten Kreisen war aber zu hören, dass es auch eine offiziöse gab, die lautete: Lasst die Albaner rein, dann haben wir sie unter Kontrolle und können sie schnellstens wieder rausschmeißen. In der italienischen Presse wurde hinterher die Konfusion unter den Behörden und verschiedenen Dienststellen kritisiert, nicht aber die Politik der kalten Schulter, mit der man den Albanern begegnet war. Vielmehr wurde eine Schreckensvision an die Wand gemalt. Die Turiner Zeitung *La Stampa* sah in den apokalyptischen Szenen im Hafen von Bari einen Ausblick auf den «Krieg des dritten Jahrtausends».

Und doch: Die Italiener waren vorgewarnt. Bereits im März und im Juni jenes Jahres waren einige tausend Illegale, zum Teil auf Flößen, hier angekommen. Doch mit solch einem Sturm hatte niemand gerechnet. Und die *Vlorë* war nicht allein gekommen, noch ein zweites Schiff tauchte auf, die *Skanderbeg*, benannt nach dem albanischen Fürsten und Anführer im Kampf gegen die Türken im 15. Jahrhundert. Die Finanzpolizei holte reihenweise Passagiere mit Hubschraubern von Bord. Ein Patrouillenboot fischte eine junge Albanerin aus dem Wasser. Sie war von sieben ihrer Landsleute vergewaltigt worden und in schierer Panik von Bord gesprungen.

Unter den Flüchtigen waren viele junge Männer mit kurz geschorenen Haaren zu sehen. Es waren Milizionäre, formal noch im Dienst des dahingesiechten Enver-Hodscha-Regimes. Sie hatten, wie sie stolz erzählten, im Hafen von Durrës nicht geschossen, die Flüchtigen nicht behindert, sondern ihnen im Gegenteil an Bord des Frachters geholfen. Die Italiener nahmen ihnen als Erstes die chinesischen Maschinenpistolen ab, Nachbauten der russischen Kalaschnikows, automatische Waffen von katastrophal schlechter Qualität.

Dann wurden die Besitzer von Hämmern, Eisenstangen, Messern und Pistolen entwaffnet. Einige Albaner stürmten das ebenfalls am Kai 20 vertäute Küstenmotorschiff *Susan*, rissen in der Kombüse alles Essbare an sich und bewaffneten sich erneut – mit den Messern und Werkzeugen, die sie auf dem Schiff fanden. Schließlich gelang es den Ordnungskräften, die Masse im Hafen zu teilen. Auf Anordnung der Präfektur, die eine solche Entscheidung nicht ohne Rücksprache mit Rom getroffen haben dürfte, wurde der größte Teil ins Fußballstadion «Vittoria» verfrachtet. Bürgermeister Enrico Dalfino von der Democracia Cristiana war außer sich vor Wut über die Entscheidung der Präfektur. «Es ist ein kolossaler

Fehler, die Menschen dorthin zu schaffen», schrie er, «sie werden sich auf jede Art zu wehren versuchen.»

Dalfino benutzte, wie die meisten Journalisten und Politiker, das deutsche Wort «Lager» für das Stadion. Der Bürgermeister, wie jeder, der die Szenen im Fernsehen sah, mochte sich an die Konterrevolution des chilenischen Generals Augusto Pinochet erinnert fühlen, dessen Schergen die Anhänger der Regierung von Salvador Allende im Stadion von Santiago de Chile eingepfercht hatten, um sie dort leichter selektieren zu können. Dalfino nannte das Vittoria-Stadion jedenfalls fortan nur noch das «Stadion-Lager».

Und in der Tat begannen die Albaner im Stadion von Bari sich zu wehren, nachdem sie den ganzen Tag ohne Wasser und Lebensmittel und ohne ärztliche Hilfe in der Gluthitze allein gelassen worden waren. Es hatte sich, außer ein paar Reportern, kein Italiener in ihre Nähe gewagt. Immer wieder versuchten die Albaner, die verrammelten Tore niederzureißen. Als ihnen endlich, abends gegen 22 Uhr, die späte Barmherzigkeit einer kleinen Mahlzeit zuteil wurde, durchbrachen Hunderte die Polizeikordons an den Toren. Sie rannten in die Stadt, und es kam zu Szenen, die ganz Italien beschämten. Die Carabinieri hetzten die Albaner wie Kaninchen durch die Straßen, bevor sie sie einfingen, um sie wieder ins Stadion mit dem Namen «Sieg» zu sperren.

All das brachte die Albaner nur noch mehr in Rage. Sie brachen Betonteile von den Rängen, rissen die Werbeplakate von den Balustraden und bewarfen mit diesen Waffen die Polizisten. Diese eröffneten das Feuer, angeblich nur mit Warnschüssen, zwei Albaner wurden verletzt, einer schwer.

Am Freitag, dem 9. August, also nur einen Tag nach der Landung, begann die «Rückführung». Diese nun war gut vorbereitet. Mehrere Tausend Albaner, die gleich im Hafen sistiert worden waren, waren schon eingeschifft – auf eigens dafür requirierten Fähren. Nun kamen die aus dem Stadion dazu. Der Journalist Giuseppe Castellaneta, der für den *Corriere del Mezzogiorno* über lange Jahre Vorkommnisse wie die von Bari beobachtete, sprach von insgesamt zwanzigtausend Albanern. Eine Luftbrücke wurde errichtet. Die Reise zurück verlief für die Menschen nicht nur bequemer, sondern auch viel schneller als die Herfahrt – dank der Eile, mit der nun die italienischen Behörden vorgingen.

Angst vor dem Ansturm der Tausenden kam damals auch in Deutschland auf. Im Bonner Innenministerium, geleitet von dem CDU-Politiker Wolfgang Schäuble, war man fest davon überzeugt gewesen, die Italiener würden ihr «Asylproblem einfach nach Norden exportieren», die Albaner also nach kurzer Internierung laufen lassen, in der Erwartung, sie würden schon den Weg nach Deutschland finden. Doch die Deutschen hatten ein Druckmittel, das sie gegen die Italiener einsetzten: Schengen.

Die Regierung in Rom hoffte damals, 1991, dringend auf die baldige Inkraftsetzung des Schengen-Abkommens. Die Europa-Begeisterung südlich der Alpen war groß. Abgesehen von den Menschen aus Albanien hatten die Italiener keine großen Probleme mit Einwanderern. Asylbewerber, die den Balkankriegen entflohen, wollten lieber nach Deutschland und in die skandinavischen Länder mit ihren großzügigen Aufnahmeregelungen, ihren generösen Sozialhilfeleistungen. In Italien konnten Flüchtlinge unterkommen, sie konnten Arbeit finden, aber ihnen wurde von Staats wegen nicht geholfen. Es gab, anders als in Deutschland, keine große Debatte, ob nicht das Boot schon zu voll sei. Sowohl auf den Feldern im Mezzogiorno als auch in den Fabriken des reichen Nordens konnten Einwanderer sich verdingen. Die Italiener waren froh über die billigen Arbeitskräfte. Und mit Formalitäten wie Meldepflicht, Arbeitserlaubnis, Steuerzahlungen und Krankenkassenbeiträgen hielten sie es ohnehin nicht so genau.

Der Schengener Staatenverbund, der weitestgehend auf Kontrollen von Personen und Gütern an den Binnengrenzen verzichtet, war 1985 von Belgien, Deutschland, Frankreich, Luxemburg und den Niederlanden im luxemburgischen Schengen gegründet worden. Italien war nicht dabei. Es zählte zwar zu den ersten sechs der seinerzeit noch Europäischen Wirtschaftsgemeinschaft (EWG), war also von der Geburtsstunde an ein Mitglied des neuen Europas, galt in den Staatskanzleien aber hinsichtlich der Grenzkontrollen dennoch als «unsicherer Kantonist».

Italien musste warten, zwölf Jahre, bis es am im Oktober 1997 endlich zum Schengen-Verbund dazugehören durfte. Und die Behandlung der Elendsgestalten auf der *Vlorë* war gewissermaßen Italiens Eignungstest für seine Schengen-Reife. Hätte sich Bürgermeister Dalfino damals mit seiner milderen Haltung durchgesetzt, wären die Albaner menschenwürdig behandelt worden, hätten sie gar bleiben dürfen, dann wäre Italien heute noch nicht in den Verbund aufgenommen, dann verliefe die südliche Schengen-Grenze noch immer durch die Alpen. Dank der harten Hand der von Rom gelenkten Präfektur aber wird sie nun von der italienischen Küste gebildet, und die ist rund achttausend Kilometer lang und schlechterdings nicht dicht zu machen. Es fiel der in Rom regierenden Mitte-Links-Koalition mit dem hübschen Namen «Ulivo» zu, Italien nach Schengen zu führen. Onorevole Giannicola Sinisi, der ehrenwerte Abgeordnete aus der Stadt Andria, nur eine halbe Autostunde nördlich von Bari entfernt, hatte dabei eine Schlüsselrolle. Dreieinhalb Jahre als Staatssekretär im Innenministerium und anderthalb Jahre als Berater des Ministers für Immigration, arbeitete Sinisi daran – nach der *Vlorë* –, Italien auf den Beitritt vorzubereiten. Er verstand sich bestens mit Schäubles Nachfolger im Amt, Manfred Kanther. Kanther musste gar keine Forderungen stellen, Sinisi erfüllte sie im vorauseilenden Gehorsam. Er dachte wie die Deutschen. «Es sind selten die Schwächsten, die fliehen», meinte er in Interviews in den neunziger Jahren und kritisierte die bisherige Haltung Italiens: «Wir versorgen die illegalen Einwanderer, die den Mafia-Clans viel Geld bezahlen und mit deren Schnellbooten sie an unsere Küsten kommen; wir päppeln die Überlebenden auf, die von schlechter organisierten Banden auf schwimmenden Pulverfässern zu uns gebracht werden.» Das, so Sinisi, sei schlicht «absurd».

Die Zeiten haben sich geändert seit dem 9. August 1991 und der Tragödie von Bari. Auch die Schauplätze des Kriegs an den Küsten haben sich verlagert, nach Lampedusa, nur hundert Kilometer von Afrika entfernt, nach Kalabrien auf der anderen Seite des Stiefels, weiter im Norden. In Bari jedenfalls tut man alles, um das Datum zu vergessen. Dalfinos Nachfolger im Bürgermeisteramt, der elegante Geschäftsmann Simone di Cagno Abbrescia, dem das erste Haus am Platz, das «Palace»-Hotel gegenüber dem Rathaus, gehört, wo Albaner die Koffer der Gäste schleppen und den Müll wegbringen, sich dabei besonders verdient gemacht: Das Vittoria-Stadion, kaum noch geeignet für Freundschaftsspiele mit der Fußballmannschaft von Durrës, wurde unter seiner Ägide in ein modernes Geschäfts- und Industriezentrum umgebaut. Die «Feria de Levante», die Herbstmesse, zieht Händler vom Balkan, von Nordafrika, vom Nahen Osten nach Bari. Das Bild vom verarmten Mezzogiorno stimmt längst nicht mehr. Im Zentrum warten sündhaft teure Boutiquen auf die konsumfreudige Kundschaft. Abends nach dem Shopping trifft man sich in noblen Restaurants wie dem «Al 2 Ghiottoni». Hierher ließ sich auch Bundeskanzler Gerhard Schröder zum Essen einladen, als er sich im Frühjahr 1999 von Bari aus über die Situation im Kosovokrieg informieren ließ. Die frischen Orecchietti – jene aufwendig zubereiteten Öhrchennudeln – stammen in den seltensten Fällen aus den Händen der Mamma in der historischen Altstadt. Sie werden von Afrikanerinnen in unscheinbaren Hinterhöfen vorbereitet.

Der neue Bürgermeister, ein Parteigänger von Silvio Berlusconi, versteht es, aus allem Kapitel zu schlagen. Selbst der schwarze 9. August 1991 hat für ihn etwas Positives. In Bari habe man inzwischen mehr Erfahrung mit dem Aufspüren von Illegalen als sonst wo. «Ihr könnt eure Polizisten, eure Grenzschützer, eure Juristen zur Ausbildung zu uns schicken», sagt Simone di Cagno Abbrescia mit weit geöffneten Armen, «bei uns können sie noch etwas lernen.» ■

Das «ausufernde Asylrecht»

■ «Politisch Verfolgte genießen Asylrecht.» So steht es im Artikel 16a, Absatz 1, des Grundgesetzes der Bundesrepublik Deutschland. Es ist ein Satz von ungeheurer Bedeutung. Er ist eine direkte Folge der Erfahrung der Deutschen mit der eigenen Geschichte. Die Väter des Grundgesetzes formulierten ihn als eine Art Wiedergutmachung für Verbrechen, die während der Nazi-Zeit von den Deutschen begangen wurden. Und leidvoll mußten Menschen auf der Flucht aus Deutschland erleben, was es bedeutet, in einem Land um Asyl zu bitten. Viele wurden an der Grenze abgewiesen und damit zurück in die deutschen Konzentrationslager geschickt.

Das Grundgesetz der Bundesrepublik Deutschland ist somit eine der wenigen nationalen Verfassungen, die einen Anspruch auf Asyl konstatieren. Dadurch ist das Asylrecht in Deutschland ein einklagbarer Rechtsanspruch. Zwar ist das Asylrecht beschränkt auf ethnisch und politisch Verfolgte, also Menschen, die wegen einer politischen Überzeugung, der Zugehörigkeit zu einer Volksgruppe, Religion oder Nationalität auf der Flucht sind. Doch es ist ein menschenrechtlicher Markstein, eine humane Errungenschaft von Weltrang.

Bis in die siebziger Jahre hinein stand dies außer Frage, wurde am Recht auf Asyl nicht gedeutet – bis 1975 suchten pro Jahr auch nie mehr als zehntausend Menschen um Asyl in der Bundesrepublik nach. Das sollte sich nun ändern.

Es waren insbesondere Unionspolitiker, die in der veränderten Situation auf Europa verwiesen und betonten: Eines Tages werde es zur «Harmonisierung» des Asylrechts in der Gemeinschaft kommen, und dann sei Schluss mit dem viel zu großzügigen deutschen Asylrecht.

Und tatsächlich hatten dann die europäischen Regierungschefs im finnischen Tampere 1999 eine solche Harmonisierung des Asylrechts beschlossen. Der Gipfel propagierte eine «gemeinsame Asyl- und Migrationspolitik der EU». Betreffs der Einwanderung wurde ein «umfassendes Migrationskonzept» in Aussicht gestellt. Da niemand «Null-Einwanderung» für realistisch hielt, sollte über Zuwanderungsquoten nach amerikanischem Vorbild gesprochen werden. Legale Zuwanderer sollten Rechte bekommen, die denen der EU-Bürger vergleichbar sind. Und das Asylrecht, so kündigten die Europäer an, werde der Genfer Konvention angeglichen.

Im Juni 2001 geschah etwas Merkwürdiges. Bei der Arbeit der deutschen Einwanderungskommission hatte sich gezeigt, dass die europäische Asylpolitik liberaler ist als die deutsche. Die CDU-Politikerin Rita Süssmuth, die der Kommission vorsaß, konstatierte: «Anfangs haben wir geglaubt, dass die Standards der EU niedriger sind, aber das stimmt nicht mehr.»

Es ging vor allem um die Frage der so genannten nichtstaatlichen Verfolgung. Überall auf der Welt nahm die politische und ethnische Verfolgung durch Gruppen und Bürgerkriegsparteien zu, die nicht den Staat führen. Das geschah in Ländern wie Afghanistan und vielerorts in Mittelafrika. Auch die geschlechtsspezifische Verfolgung wurde für Frauen aus fundamental-islamisch regierten Gebieten immer häufiger zum Fluchtgrund. Es war die Rede von «Schutzlücken».

Bei einem Besuch in Berlin fragte der Flüchtlingskommissar der Vereinten Nationen, Ruud Lubbers: «Entspricht es nicht unserer Werteordnung, jene als Flüchtlinge zu schützen, die in ihrem Heimatland von oppositionellen, politischen oder religiösen Fanatikern verfolgt werden und dort keinen Schutz erhalten können?» Die Bundesrepublik erkannte als einziger EU-Staat solche Opfer nichtstaatlicher Verfolgung nicht als asylwürdig an. Aber Otto Schily wies Lubbers brüsk zurück. Das Asylrecht, sagte der sozialdemokratische Bundesinnenminister, würde «ausufern».

So geschehen bei einer Feier in der Friedrichstadtkirche am Gendarmenmarkt zum – ausgerechnet! – 50. Jahrestag der Genfer Konvention. Die Genfer Konvention, auch als Genfer Flüchtlingskonvention bekannt, nennt sich vollständig: «Konvention der Vereinten Nationen über die Rechtsstellung von Flüchtlingen». Sie wurde im Juli 1951 verabschiedet und geht auf die Allgemeine Erklärung der Menschenrechte der Vereinten Nationen vom Dezember 1948 zurück.

In Artikel 1 wird ein Flüchtling definiert als eine Person, die sich «aus begründeter Furcht vor Verfolgung wegen ihrer Rasse, Religion, Nationalität, Zugehörigkeit zu einer nationalen Gruppe oder wegen ihrer politischen Überzeugungen außerhalb des Landes befindet, dessen Staatsangehörigkeit sie besitzt und den Schutz dieses Landes nicht in Anspruch nehmen kann».

In den Artikeln 32 und 33 wird den Vertragsstaaten verboten, einen Flüchtling in die Gebiete auszuweisen oder zurückzuschicken, in denen sein Leben oder seine Freiheit wegen der genannten Verfolgungsgründe bedroht ist.

Artikel 46 regelt die Rechte und Pflichten der Flüchtlinge und der aufnehmenden Vertragsstaaten. Er enthält allerdings – anders als das Grundgesetz – keinen Rechtsanspruch auf Asyl. Solch einen Rechtsanspruch können nur die Nationalstaaten selber gewähren. Da anderswo das Asylrecht nicht einklagbar sei, so argumentierten deutsche Parteien jeglicher Couleur, führe dies dazu, dass Asylbewerber, die anderswo in Europa landen, am Ende doch alle nach Deutschland kämen.

Wie auch das Grundgesetz beschränkt sich allerdings die Genfer Konvention auf politisch Verfolgte. Naturkatastrophen, Dürre und Hungersnöte sind auch für die Vereinten Nationen keine Aufnahmegründe. Der Dissens liegt in der nichtstaatlichen Verfolgung. Das Weltflüchtlingshilfswerk UNHCR fordert seit 2001 als Ergänzung der Genfer Konvention eine Anerkennung für «Personen, die zum Beispiel wegen blinder, wahlloser Gewalt und der begleitenden Unordnung in Konfliktsituationen fliehen, die nicht auf Verfolgung beruht». In Deutschland war zu diesem Zeitpunkt das Recht auf Asyl längst eingeschränkt worden. Nach einem dramatischen Anstieg der Zahl der Asylbewerber ab Mitte der achtziger Jahre beschloss der Deutsche Bundestag im Mai 1993 mit einer deutlichen Mehrheit – 521 gegen 132 Stimmen – eine Einschränkung des Artikels 16 des Grundgesetzes.

Bis in die siebziger Jahre war die Zahl der Flüchtlinge in die EU stabil geblieben, immer knapp unter hunderttausend Menschen im Jahr. 1986 waren es mehr als doppelt so viele. Und 1992 wurde mit 696 500 Personen ein absoluter Höhepunkt erreicht. Das war zur schlimmsten Zeit der Jugoslawienkriege, und Deutschland war das Land innerhalb der Europäischen Union, das sowohl in absoluten Zahlen als auch in Prozentsätzen – meistens über fünfzig Prozent – das Gros der Flüchtlinge aufnahm. Worauf die Bundesregierung unter Helmut Kohl und Innenminister Manfred Kanther auf eine gerechtere «Lastenverteilung» in der EU drängte. Die unterschiedliche Aufnahmepraxis wurde dann noch einmal während des Bosnienkrieges deutlich, als Deutschland allein in einem Jahr vierhunderttausend Flüchtlinge aufnahm. Das erklärte Ziel der Modifizierung des Asylrechts war es, den Missbrauch zu stoppen, wirklich Asylberechtigten aber weiterhin die Zuflucht zu sichern. In der Folge wurden die Verwaltungs- und Gerichtsverfahren gestrafft, die finanziellen Hilfen eingeschränkt. Im Normalfall entscheidet das Bundesamt für Anerkennung ausländischer Flüchtlinge in wenigstens zwei Wochen, höchstens drei bis vier Monaten, ob einem Asylbewerber in dem Land, aus dem er kommt, politische Verfolgung droht. Asylbewerber wurden fortan im Laufe des Anerkennungsverfahrens nicht mehr mit Geld unterstützt, sie durften nicht arbeiten gehen, das Arbeitsverbot gilt auch nach der Anerkennung (einst für drei Jahre, jetzt für ein Jahr), die Hilfe beschränkte sich auf «Sachleistungen», wie Unterkunft, Verpflegung und Kleidung.

Ein entscheidender Aspekt der einschränkenden Gesetzgebung Deutschlands war die so genannte Drittstaatenregelung: Flüchtlinge, die über einen «sicheren Drittstaat» nach Deutschland einreisen, dürfen sich hier nicht mehr auf das Asylrecht berufen. Sie können ohne Prüfung ihres Falls durch das Bundesamt – und somit ohne die Möglichkeit eines Gerichtsverfahren – sofort an der Grenze zum «sicheren Drittstaat» zurückgewiesen werden. Wenn ein anderer Staat zudem per Vertrag zur Rücknahme verpflichtet ist, dann können Flüchtlinge sogar auch noch nach ihrer Einreise in die Bundesrepublik ohne Prüfung eines Asylantrags in diesen zurückgeschickt werden.

Da zusätzlich eine «Herkunftsstaatenregelung» und eine «Flughafenregelung» die Möglichkeit, Asyl zu beantragen, weiter stark einschränken, besteht das Asylrecht in gewisser Weise nur noch auf dem Papier. Die EU-Staaten und sämtliche Nachbarländer Deutschlands gelten als sichere Drittstaaten, über sie kann also kein Asylbewerber einreisen. Flüchtlinge, die aus einem «sicheren Herkunftsstaat» per Flug nach Deutschland kommen, werden in einem noch stärker verkürzten Verfahren am Flughafen geprüft. Die Beweislast liegt bei ihnen. Ihr Asylantrag wird nur dann angenommen, wenn sie im Einzelfall Gründe nachweisen können, die für eine Verfolgung sprechen. Sonst wird vom Gesetz her unterstellt, dass sie nicht verfolgt werden. Als sichere Herkunftsstaaten galten bislang die vormaligen EU-Kandidaten Polen, Slowakei, Tschechien und Ungarn, aber auch Bulgarien und Rumänien sowie afrikanische Staaten wie Ghana und Senegal.

Die «Flughafenregelung» gilt für Ausländer aus einem sicheren Herkunftsstaat sowie für alle Asylbewerber ohne Pass oder sonstige Papiere. Das Prüfverfahren findet im Transitbereich des Ankunftsflughafens statt. Die betroffenen Menschen werden für die Dauer des Verfahrens im Flughafen untergebracht. Dem Ausländer muss die Einreise nur dann gestattet werden, wenn das Bundesamt zur Anerkennung ausländischer Flüchtlinge nicht innerhalb von zwei Tagen nach Stellen des Antrags oder das Gericht nicht innerhalb von vierzehn Tagen über den Antrag entschieden hat. Das gesamte Verfahren muss innerhalb von neunzehn Tagen abgeschlossen sein. Bei einer Ablehnung werden die Antragsteller wenn möglich sofort in den Staat ihres Abflughafens zurückgeflogen.

Ein potenzieller Asylbewerber kann somit nur schwer überhaupt nach Deutschland gelangen. Die Außengrenzen sind dicht, sollten es zumindest sein. Die Flughäfen eignen sich immer weniger als Schlupflöcher. Flüchtlinge müssten eigentlich in den Konsulaten in ihren Heimatstaaten Visa beantragen. Denn die Fluggesellschaften sind angewiesen, beim

Einchecken zu prüfen, ob die Reisenden die erforderlichen Dokumente besitzen. Aber Verfolgte haben meistens Angst, zu einem Konsulat zu gehen. Denn sie können sicher sein, dass dieses Konsulat in einem Staat, in dem politische Verfolgung herrscht, beobachtet wird.

So wurde es durch die neuen Regelungen für Asylbewerber immer aussichtsloser, in die Festung Europa zu gelangen. Die Zahl der Asylanträge in Deutschland ging schnell und deutlich zurück: auf 127 940 im Jahre 1995; auf 98 640 im Jahre 1998; schließlich auf 50 564 im Jahre 2003. Noch viel drastischer sank die Anerkennungsrate: 1971 wurden noch siebenundfünfzig Prozent aller Antragsteller anerkannt; 2001 nur noch rund vier Prozent; 2003 schließlich 1,6 Prozent. Allerdings wurden abgelehnte Antragsteller nicht unbedingt abgeschoben. Viele wurden aus humanitären Gründen «geduldet», besonders in Kriegsfällen oder wenn ihnen Folter und Tod in der Heimat drohten. In ihre Pässe wurde dann eingetragen: «Abschiebung (bis zu einem bestimmten Datum) ausgesetzt». Im September 1998 bezifferte der damalige Innenstaatssekretär Kurt Schelter die Zahl der Menschen, die Deutschland eigentlich hätten verlassen müssen, deren Abschiebung aber ausgesetzt war, noch mit siebenhunderttausend bis achthunderttausend. 2003 aber bekamen nur noch 1,7 Prozent der Antragsteller, also weniger als 895, dieses «kleine Asyl» zugesprochen.

Doch nach wie vor kommen Abertausende illegal. Wie viele es sind, lässt sich nur schwer ermitteln. Es gibt Schätzungen, bei denen allerdings unklar bleibt, auf welcher Grundlage sie erstellt wurden. Manche Experten meinen, es lebten gut drei Millionen «Sans-Papiers», also Menschen ohne gültige Papiere, in der EU, jährlich kämen rund fünfhunderttausend ungesetzliche Zuwanderer dazu. Die *Deutsche Presseagentur* (*dpa*), spricht in ihren Hintergrundberichten von hunderttausend illegalen Einwanderern jährlich allein nach Deutschland. Dies gilt als eine allgemein akzeptierte Zahl. Doch sie basiert letztlich auf irgendwelchen Hochrechnungen von Polizeistatistiken. Und diese erfassen nur die Registrierten, das heißt die Antragsteller, und die festgenommenen Illegalen, die Abgeschobenen – und die Toten. Im Gegensatz zur landläufigen Meinung sind die Illegalen meistens vorbildliche Bürger. Sie fahren nicht schwarz, sie stehlen nicht, sie sind nicht gewalttätig. Denn sie wollen nicht auffallen. Sie zahlen übrigens auch Steuern: Bei jedem Einkauf entrichten sie Mehrwertsteuer, immerhin sechzehn Prozent.

Diese Zahlen aber stehen fest: Im Jahre 2001 wurden 28 560 Personen bei dem Versuch erwischt, illegal nach Deutschland einzureisen. Im Jahre 2002 waren es weniger, 22 638. Auch sank die Zahl der aufgegriffenen Ausländer, die sich illegal in Deutschland aufhielten ein wenig, 122 583 waren es 2001, 112 573 dann 2002. Die Anzahl der EU-Asylbewerber hat sich übrigens nach dem Ende der Bürgerkriege auf dem Balkan stabilisiert, auf rund 385 000 jährlich. Aus solchen Rückgängen lässt sich aber längst nicht schließen, dass weniger Menschen bei uns Zuflucht gesucht hätten. Es kann auch sein, dass die Grenzschutzbehörden weniger erfolgreich oder die Schlepper geschickter waren.

Unumstritten ist immerhin die Tatsache, dass Europa, wie der *Spiegel* es formulierte, die «neue Endstation Sehnsucht» ist. Nüchterner spricht es die französische *Le Monde* aus: «Weltweit ist Europa Zuwanderungskontinent Nummer eins.» Von einer «Überfremdung» darf gleichwohl nirgendwo gesprochen werden. Insgesamt zählen die EU-Staaten neunzehn Millionen – registrierte – Ausländer. Dass macht nur 5,1 Prozent der EU-Bevölkerung aus. Und knapp ein Drittel von ihnen – sechs Millionen – sind sozusagen EU-Inländer, Menschen, die in einem benachbarten EU-Land arbeiten oder dort als Rentner leben. Unter den dreihundertachtzig Millionen EU-Bürgern leben also gerade einmal dreizehn Millionen EU-Ausländer, das macht 3,4 Prozent aus. Und drei Millionen Illegale schlügen mit weniger als einem Prozent zu Buche.

Die Statistik hat, wie alle Statistiken, etwas Trügerisches. Sie vermittelt den Eindruck ordentlicher Durchschnitte. In der Realität leben Ausländer ungleich verteilt in Europa. Die weitaus meisten – auch prozentual – weilen in Deutschland, nach Angaben des Statistischen Bundesamts waren es Ende 2003 rund 7,33 Millionen, was 8,9 Prozent der Bevölkerung gleichkommt. Weit dahinter folgt Frankreich mit 3,3 Millionen Einwohnern ohne französischen Pass. Dann erst kommt das vermeintlich so multikulturelle Großbritannien mit 2,2 Millionen nichtbritischen Einwohnern. Und die Zahlen sagen nichts über die Lebensbedingungen der Menschen aus, nichts über die Tatsache, dass sich Zuwanderer – legale wie illegale – oft auf Ghettos konzentrieren, in Vierteln mit hoher Arbeitslosigkeit und überdurchschnittlicher Kriminalität unterkommen.

Die Zahl der fünfhunderttausend illegal nach Europa einreisenden Menschen stammt vom Polizeiamt Europol in Den Haag. Auch sie ist im Grunde genommen klein. Nach Schätzungen des Hohen Flüchtlingskommissars der Vereinten Nationen – Stand 1. Januar 2003 – sind weltweit über vierzig Millionen Menschen auf der Flucht. Dazu kommen noch etliche Millionen, die aus wirtschaftlichen Gründen eine neue Heimat suchen. Aber die Zahl ist zugleich auch groß: fünfhunderttausend Illegale in einem Jahr, das ist mehr als zwölfmal so viel wie im Jahr 1993. ■

General Sbarra und die Finanzieri

■ Der Capo dei capi, der Boss der Bosse der polizeilichen Aufklärung, ist in der Caserma Murat am Lungomare, der Strandpromenade gegenüber dem Hafen, zu finden. General Giulio Sbarra, der Chef der Finanzpolizei im Abschnitt Apulien. Sbarra ist ein groß gewachsener, massiger Mann. Er gibt sich jovial. Aber er macht vom ersten Moment an deutlich, dass er nicht bereit ist, einem Reporter zu sagen, was er denkt, zu offenbaren, was wirklich Sache ist. Der General bekleidete einen niedrigeren Rang, als die Tragödie der *Vlorë* über Bari kam. Ihm wäre das nie passiert, so viel lässt er durchblicken, und jetzt, da er das Kommando hat, ist eins klar festzuhalten: «Es kommen keine Clandestini mehr rein, und wenn, dann sind sie, zack, morgen wieder zu Hause.» Spricht's, nimmt die beiden Lokalreporterinnen, die bei dem Gespräch zugegen sind, links und rechts in seine Arme und versichert treuherzig: «Ragazze, Mädels, ihr wisst, wie gut der General Sbarra ist. Und er beantwortet jede Frage, ihr müsst sie nur stellen.» Allerdings, die Zeit, die Zeit, er müsse sich nun leider entschuldigen. «Ragazze, mi dispiace, tut mir leid, und der gentile signor aus Germania, wollen Sie sich nicht lieber an die Zentrale in Rom wenden, dort wird man Ihnen alles sagen, was Sie wissen wollen.»

Die Finanzpolizei, die Guardia di Finanza, ist so etwas wie die Steuerfahndung. Daher war sie immer schon in den italienischen Häfen präsent. Mit jeder neuen Flüchtlingsgruppe wurde sie aufgerüstet, wurde ihre Zuständigkeit ausgedehnt. Die «Finanzieri» sind, wie man sich denken kann, nicht sonderlich beliebt im Volk der habituellen Steuersünder. Einer der größten italienischen Grotesken ist der Zwang, die Restaurantquittung und den Kassenbon bei einem einfachen Einkauf aufbewahren zu müssen. Es ist gesetzlich genau festgelegt, wie weit man den «scontrino» von dem entsprechenden Lokal mit sich zu führen hat. Damit sollen die Geschäftsinhaber gezwungen werden, genau Buch zu führen. Für die Überwachung sind die «Finanzieri» zuständig. Doch die Steuerfahnder würden nicht nur einen Wirt bestrafen, der keine Quittung ausstellt, sie würden auch den Kunden drangsalieren, der in hundert Meter Entfernung von der Gastwirtschaft ohne eine solche angetroffen wird. Das in einem Land, in dem zeitweilig zwei Drittel der sechshundertdreißig «Onorevole», der Abgeordneten im Parlament in Rom, unter Korruptionsverdacht standen, ein Zustand, der sich erst änderte, als der «Cavaliere» Silvio Berlusconi an die Macht kam und Gesetze durchpeitschte, die einer – besonders ihm nützlichen – Generalamnestie für Politiker gleichkamen.

Die Guardia di Finanza schien die richtige Einheit, um die Flüchtlingswellen, auf deren ersten hohen Kamm die *Vlorë* schwamm, zu brechen. Sie wurde verstärkt und ausgestattet wie keine andere Dienststelle. Heute verfügt sie über ebenso viele Schiffe wie die italienische Kriegsmarine. Oft fällt der Guardia di Finanza die Führungsrolle bei der Koordination der verschiedenen Dienststellen im Krieg gegen die Elenden zu.

General Sbarra hat dann doch noch großzügigerweise einen Einblick in die Arbeit der Kommandostelle Apulien erlaubt. Nicht er selber hat informiert, es soll niemand in der Lage sein zu behaupten, der General habe dieses oder jenes Geheimnis verraten. Nein, er hat vorsichtigerweise seinem Adjutanten Giuseppe Alineri, dem ohnehin für das Operative zuständigen Colonnello, erlaubt, ein wenig über die Entwicklung zu berichten.

Dem Colonnello ist anzumerken, dass er sich über die Ehre, die ihm der General zuteil werden ließ, freut. Er plaudert freimütig. Nur ab und zu rutscht ihm eine Formulierung heraus, die er dann so lieber nicht stehen lassen möchte. Zum Zeitpunkt der Landung der *Vlorë* war die Guardia di Finanza nur für den Schmuggel zuständig, sie spürte den «Contrabbandisti» nach, den Schmugglern, die aus Jugoslawien vor allem Zigaretten, aber auch Drogen und Waffen brachten. Doch aus den Schmugglern wurden im Laufe der Zeit Menschenhändler und Schlepper, «Scafisti», so benannt nach ihren superschnellen Schlauchbooten, den «Scafi». Ihre Hochburg ist die Hafenstadt Vlorë, südlich von Durrës gelegen, die dem Unglücksfrachter von Bari den Namen gab. In Vlorë gelten die Menschenhändler als ehrenwerte Geschäftsleute, aber schon das sagt der Colonnello nicht so, schließlich sei er «Polizist, nicht Politiker». Doch er weiß allzu gut, dass es stimmt.

Die Guardia di Finanza hat inzwischen eine ihrer militärischen Einheiten in Albanien postiert. Strategisch geschickt in der Hafenstadt Durrës und auf der Insel Sazan, Vlorë vorgelagert. Und politisch geschickt, denn das Unternehmen ist als eine Art Entwicklungshilfe deklariert worden. Die Finanzieri sollen ihre albanischen Kollegen ausbilden. Immerhin haben sie ihnen Radargeräte zur Verfügung gestellt. Aber die Radargeräte betrachten sie natürlich auch selber – und entdecken somit eventuell Boote der Schlepper. Und von den

Albanern, die aus ihrer Sicht durch und durch korrupt sind, was der Colonnello indes auch nur zwischen den Zeilen sagt, erfahren sie bei der Ausbildung dann auch noch das eine oder andere.

Und dies, da verhehlt Alineri nichts, hat zu der Überzeugung geführt, dass die albanischen Schlepper Helfershelfer auf der italienischen Seite haben. Stets würden die Scafisti einen vorher verabredeten Punkt ansteuern. Oft scheinen sie, wenn die Schnellboote der Finanzieri auslaufen, wie auf ein geheimes Zeichen rechtzeitig abzudrehen.

Von den seltenen Fällen, da es seinen Leute gelang, eines der Scafi mitsamt Fracht und Besatzung festzusetzen, weiß Alineri, das der Gegner drei Arten von Ladung hat. Vorne im Boot liegt ein Koffer mit Rauschgift, die wertvollste Ware, die zuerst ausgeladen wird und unter allen Umständen zu schützen ist. Manchmal enthält der Koffer auch kleinere Waffen wie Pistolen, für den Hausgebrauch der Banden. Dann kommen die Passagiere. Wenn der kostbare Koffer entladen wurde, dürfen als Erstes die zwei, drei jungen Frauen aussteigen. Nicht dass die Schlepper Kavaliere wären. Die Frauen sind wertvolle Ware, in die Prostitution gepresste Sklavinnen vom Balkan oder aus Osteuropa. Als letzte dürfen dann die Clandestini von Bord. Sie haben vorher bezahlt. Sie sind nichts mehr wert. Es sei denn, die Finanzieri tauchen auf, dann können die Geschleppten den Schleppern noch einmal nützlich sein. Denn Silvio Berlusconi hatte im Jahre 2000, gemeinsam mit seinem Partner in der Rechtskoalition, Umberto Bossi, ein Gesetz eingebracht, das den Küstenwächtern erlauben sollte, auf die Immigrantenschiffe zu schießen, sollten sie nicht umkehren. Giuseppe Alineri kommentiert das nicht weiter. Aber er weist, kopfschüttelnd, auf die Tatsache hin, dass es den Finanzieri, wie auch der Marine, der Küstenwache und allen anderen Schützern der italienischen Küste, längst erlaubt war, auf die Scafisti zu schießen. Aber wohlweislich nur dann, wenn sie sicher waren, dass sich keine Geschleppten mehr an Bord befanden. Und das hatten die Schlepper selbstverständlich auch längst erfahren. Deshalb setzten sie einfach auf Geschwindigkeit und auf die Geschleppten als lebende Schutzschilde.

Die Guardia di Finanza mochte ihre 11. Legion in Bari noch so gut ausstatten, sie schaffte die hochauflösenden Infrarotkameras an, sie kaufte Patrouillenboote mit dem größten Radar und «Scafi blue» genannte Schnellboote, mit denen sie die Flitzer der Menschenhändler endlich einholen konnte, sie legte sich eine Hubschrauberstaffel zu, sie installierte festes Radar an beiden Seiten der Küste, sie vernetzte ihre gesamten Systeme im computergesteuerten Kontrollraum in der Caserma Murat, aber gegen den menschenverachtenden Zynismus der Schlepper blieben sie machtlos. Wenn diese entdeckt wurden, dann hatten sie keine Skrupel, Passagiere einfach über Bord zu werfen, um schneller zu werden. Andere zwangen sie, an Bord zu bleiben: Damit die Jäger nicht auf sie schossen.

So geschehen etwa am 24. Juli 2000. Es war gegen 3.30 Uhr, noch lange vor dem Morgengrauen, als ein Scafi blue ein Schnellboot der Schlepper-Mafia aufspürte. Der Bootsführer und sein Gehilfe, allem Anschein nach Albaner, zwangen die Geschleppten mit Messern brutal ins Wasser, nahe dem Ufer, aber nicht nahe genug für die Nichtschwimmer. Drei Männer ertranken. Dann drehten sie mit Höchstgeschwindigkeit nach Osten ab, also zurück in Richtung Albanien. Urplötzlich wendeten sie abermals, hielten nun geradewegs auf das Boot der Finanzieri zu, das wegen der Menschen im Meer seine Fahrt verlangsamt hatte. Die Finanzieri zogen ihre Waffen.

Aber sie wagten nicht zu schießen. Denn die Schlepper hatten drei Menschen als Geiseln an Bord behalten. Die Boote stießen zusammen. Die beiden Beamten Daniele Zoccola, zweiundzwanzig, und Salvatore de Rosa, sechsundzwanzig Jahre alt, zahlten für ihre Zurückhaltung mit dem Leben. Sie kamen bei der Kollision um. Die Leiche von Salvatore de Rosa konnte nie geborgen werden.

Die 11. Legion wurde daraufhin wieder einmal besser aufgerüstet, mit mobilen, «intelligenten» Radaranlagen. Sie werden auf Lkw an der Küste entlanggefahren. Doch dann haperte es. Diese Anlagen, erzählt Alineri, konnten nicht mit den fest installierten Geräten gekoppelt werden, «dafür fehlen uns die technischen Möglichkeiten».

Gleichwohl griff die Guardia di Finanza im Jahr 2001 über zwanzigtausend Illegale auf, so viele, wie 1991 mit den beiden Frachtern gekommen waren.

Und wie viele kommen unentdeckt durch?

Diese Frage beantwortet Colonnello Alineri mit beredtem Schweigen. Seine betrübte Miene verrät alles: viel mehr.

Allerdings erregt die Landung eines Flüchtlingsschiffs schon längst kein großes Aufsehen mehr, wenn sie nicht unter den dramatischen Umständen geschieht wie 1991. Unter der Rubrik «Kleine Meldungen» brachte die *Frankfurter Allgemeine* am 16. Oktober 2001 folgende, von der *Agence France Press (AFP)*, übernommene Nachricht:

«Ein Flüchtlingsschiff mit mehr als vierhundert Kurden an Bord ist in der Nacht zum Montag im süditalienischen Hafen Crotone eingelaufen. Auch der Leichnam einer Frau befand sich an Bord. Acht Personen wurden ins Krankenhaus gebracht, nachdem sie auf der Fahrt übers Mittelmeer eine Woche lang im Laderaum eingesperrt waren. Vier mutmaßliche Schlepper und Besatzungsangehörige wurden nach Angaben der Polizei festgenommen. Das Schiff fuhr unter keiner Flagge und war in schlechtem Zustand.»

Ende 1998, unmittelbar nachdem der Schengen-Beitritt Italiens endlich vollzogen war, sagte uns Don Cesare, ein Geistlicher in Otranto, der Hafenstadt südlich von Bari: «Früher sind wir zu den Armen gegangen, jetzt kommen sie zu uns.» Don Cesare, mit dem bürgerlichen Namen Cesare Lodeserto, hatte in Brasilien, auf Madagaskar und in Ruanda den Armen und Verzweifelten geholfen. Nun verwendete er seine ganze Kraft als Leiter des Flüchtlingsheims «Casa Regina Pacis» in San Foca, direkt am Meer, für die Boatpeople, die es über die Adria trieb. Ihre Schicksale, sagte er, unterschieden sich kaum von denen seiner früheren Schutzbefohlenen in der Dritten Welt.

Zum Beispiel das des gelernten Stuckateurs Uke, aus dem Ort Unica nahe Priština im Kosovo. Er war mit seiner Frau und fünf Kindern im Bürgerkrieg, ein halbes Jahr bevor die Nato eingriff, aufgebrochen. Die Serben waren über sein Dorf hergefallen, hatten Häuser abgebrannt und Zivilisten erschossen. Sie brauchten in dem Flüchtlingstreck vierundzwanzig Stunden bis zur albanischen Grenze, für eine Strecke, die unter normalen Umständen in einem Auto in gut zwei Stunden zu schaffen wäre. Sie wurden ständig von den Serben unter Beschuss genommen. Sie kamen durch – und warteten dann in Albanien einen Monat lang auf eine Passage über die Adria. Uke hatte vierzehn Jahre lang in Luzern in der Schweiz gearbeitet, und er hatte Geld gespart. Er war bereits im März in den Kosovo aufgebrochen, um seine Familie herauszuholen. Trotzdem hatte er im Oktober noch genug Geld übrig, um auf die Forderungen der albanischen Schlepper eingehen zu können. Er zahlte ihnen 4200 Mark für die Überfahrt, sechshundert Mark für jedes Familienmitglied, für Stehplätze. Und das war noch günstig. Tausend Mark für die Passage war damals der normale Preis.

Für die albanischen Schlepper in der Hochburg Vlorë waren mit dem Bürgerkrieg im Rest-Jugoslawien goldene Zeiten angebrochen. Bei den bürgerkriegsähnlichen Unruhen in ihrem eigenen Land, 1997 ausgebrochen in der Folge eines spektakulären Kettenbrief-Betrugs, sind sie zu Waffen und Geld gekommen. Mehrere Dutzend Schnellboote lagen seither in Vlorë ständig startklar. Diese Boote kosteten hunderttausend Mark und mehr, waren oft mit Zwillingsmotoren à 250 PS ausgestattet. Mit jeweils rund vierzig Passagieren konnten sie ihr Geld durch drei Überfahrten schon wieder hereinholen.

Tagsüber wird die Adria von ganz normalen Schiffen befahren, Frachtern, Tankern, Küstenmotorschiffen. Nachts laufen die Fähren aus. Die großen für den legalen Verkehr über die Adria und die kleinen der Schlepper für den illegalen. Noch bevor der eigentliche Krieg im Kosovo ausbrach und die Nato den gesamten Flugverkehr über der Adria sperrte, konstatierte Angelo Pierini, Navigator in einem der viersitzigen Aufklärungsflugzeuge der Guardia di Finanza, bei einem regelmäßigen Patrouillenflug über der Meerenge: «Hier herrscht jede Nacht Krieg.»

Von großem Nachteil hat es sich dabei erwiesen, dass es den Italienern nicht gelang, die Aktionen der vier wichtigsten Dienststellen im Einsatz gegen die Menschenhändler effektiv zu koordinieren. Küstenwache, Finanzpolizei und zwei nationale Polizeicorps rivalisierten eher, anstatt zu kooperieren. Es kam mehr als einmal vor, dass die Boote der vier verschiedenen Dienste gleichzeitig ein Schiff der Menschenschlepper verfolgten und sich dabei gegenseitig behinderten.

Nach dem Krieg, der im Mai 1999 endete, weiteten die

Schlepper ihre Aktivitäten noch aus. Nun konnten Flüchtlinge von weit her wieder über den Balkan zur albanischen Küste gelangen. Im Flüchtlingsheim von Don Cesare erfuhr man, woher sie gekommen waren. Don Cesares «Gäste», wie er sie nennt, waren nun überwiegend Kurden aus dem Irak und der Türkei, waren Moldawier, Rumänen und Ukrainer sowie, auffällig oft, Chinesen. Die meisten Gäste bleiben zehn Tage bei Don Cesare, dann bekommen sie mit seiner Hilfe eine staatliche Aufenthaltserlaubnis für einen Monat, die zumeist verlängert wird. Er gibt ihnen Geld, etwa fünfzehn Euro pro Tag, und das fünfundvierzig Tage lang, danach ist Schluss. Er betont, alles was er für sie brauche, seien «Freundschaft und Solidarität».

Das Heim, in dem manchmal fünfhundert Menschen auf einmal untergebracht sind, wird nahezu vollständig von privaten Spenden finanziert. Firmen schicken ganze Wagenladungen mit Kleidung und Lebensmitteln. Vielleicht spielt es eine Rolle, dass von 1950 bis 1980 rund 6,5 Millionen Italiener ihre Heimat auf der Suche nach einem besseren Leben verlassen und ihre eigene Wanderung durch die Welten nicht vergessen haben.

Immer wieder kommt es bei den Verfolgungsjagden auf See zu Zusammenstößen. 1997, als die Unruhen ganz Albanien erfassten, die Waffenlager der Armee gestürmt wurden und plötzlich jeder Zweite mit einer Kalaschnikow herumfuchtelte, machten sich wieder einmal besonders viele Boote, kleine Frachter und Kutter, auf den Weg über die Adria. Auf italienischer Seite war auch die Fregatte *Sibilla* der Kriegsmarine eingesetzt. Am Karfreitag, dem 28. März 1997, tuckerte vor ihrem Bug plötzlich ein Boot, dessen Namen die Marinesoldaten als *Kater I* aus Vlorë ausmachten. Es war voll beladen mit Menschen, Albanern, wie es schien. Der Kommandeur der Fregatte, Fabricio Laudadio, hielt auf das Albanerschiff zu, ohne die Maschinen drosseln zu lassen. Der gerammte Kahn sank in kürzester Zeit. Vierunddreißig Überlebende wurden von der Besatzung der *Sibilla* geborgen, ebenso vier Tote. Weitere achtzig Leichen dürften in dem Wrack in der Tiefe geblieben sein.

«Nur» dreizehn Menschen kamen kurz nach dem Tod der beiden Finanzieri, im Juli 2000, bei dem Versuch um, ohne Visum nach Italien zu gelangen. Ihr Boot kenterte vor Torre Sant' Andrea, einem Fischernest nördlich von Otranto. Vermutlich fünfunddreißig Personen hatten sich in Albanien an Bord begeben: drei Schlepper, die zur Tarnung schwarze Wollmützen mit Sehschlitzen trugen, fünf Frauen, zwei Kinder, der Rest Männer. Sie sahen bereits die italienische Küste am Horizont, als plötzlich ein Schnellboot der Küstenwache auftauchte, ein neues, das ihrem ebenbürtig war. Es kamen noch zwei Boote Verstärkung. Die Albaner drehten ab, versuchten nach Süden im Zickzackkurs zu entkommen. Aber die Italiener holten sie ein, fuhren mit ihren Booten glatt auf das Schlepperboot. Die maskierten Bootsführer wurden ebenso wie ihre Passagiere über Bord geschleudert. Von den dreizehn Passagieren, die die Kollision nicht überlebten, konnten zwei sofort geborgen werden, der fünfundzwanzigjährige Genzi Sulkoj und die achtzehnjährige Kujtime Hajdari. Sie waren in die Schiffsschrauben geraten, ihre Leichen schwammen oben. Die anderen elf Toten mussten von Tauchern aus dem Wasser gezogen werden.

Dass der Schmuggel von Menschen, wie auch der Schmuggel von Waren, nicht aufzuhalten ist, allenfalls zu behindern und so in seinen Ausmaßen vielleicht ein wenig einzudämmen, das hat sich in der Guardia di Finanza nach den Jahren der außergewöhnlichen Aufrüstung herumgesprochen. Vorgeblich hatte sie auch ihre Strategie zur Verfolgung der Scafisti geändert, und Colonnello Giuseppe Alineri erklärt uns mit Blick auf die Karte, wie: Bis 1998 hätten seine Leute ein Schnellboot der Scafisti von dem Moment an gejagt, da sie es sichteten. Seither aber verfolgen sie die Schlepper nur aus großer Distanz, warten ab, bis diese ihre Passagiere haben aussteigen lassen, melden die Stelle den Kollegen an Land, beginnen erst dann den Versuch, die Albaner zu stellen, bevor diese wieder zu ihrem Unterschlupf auf der anderen Seite gelangen. Immerhin konnten die Finanzieri Ende der Neunziger jährlich an die hundert Scafisti schnappen, hundert Spediteure des Elends. Allerdings bleibt bei dieser Erklärung von General Sbarras Adjutanten eine Frage offen: Wie konnten dann die Schnellboote vor Torre Sant' Andrea zusammenstoßen? Hat die Küstenwache eine andere Strategie? Würden Genzi Sulkoj und Kujtime Hajdari noch leben, wenn die Guardia di Finanza ihre Schlepper aufgetrieben hätte? Oder ist es einfach so, dass bei aller Strategie, aller Ermahnung zur Vorsicht, manchmal die Männer, wie etwa der Kapitän der *Sibilla*, einfach vom Jagdfieber getrieben werden? ■

Vereinigte Staaten von Schengen

■ «Europa ohne Grenzkontrollen: Dieser Erfolg wurde nicht innerhalb des rechtlichen Rahmens der EU, sondern in Form eines zwischenstaatlichen Abkommens erreicht.» So beschreibt die Bundesregierung auf ihrer Homepage etwas verschämt die Tatsache, dass es der EU nicht gelungen ist, den Vereinigten Staaten von Europa auch nur nahe zu kommen, einem Europa, in dem, wie in den USA, Grenzen allenfalls durch freundliche Willkommensschilder kenntlich gemacht sind. Allerdings: Ein Fortschritt ist das Schengener Abkommen trotzdem. Vielleicht konnte es nur erreicht werden, gerade weil *nicht* alle in der EU mitmachen mussten. Heute sind sogar Staaten, die nicht zur EU gehören, Mitglieder im Schengen-Verbund. Außen vorgeblieben sind in Westeuropa allein Großbritannien und Irland.

Im Juli 1985 formulierten die fünf Gründerstaaten den Kernsatz: «Die Binnengrenzen dürfen an jeder Stelle ohne Personenkontrolle überschritten werden.» Den fünf Gründerstaaten Belgien, Deutschland, Frankreich, Luxemburg und den Niederlanden schlossen sich 1990 Italien, 1991 Spanien und Portugal an, 1992 Griechenland, 1995 Österreich und 1996 dann Dänemark, Finnland und Schweden sowie die Nicht-EU-Staaten Island und Norwegen an.

Damit auch Bürger anderer Länder von der Reisefreiheit profitieren können, müssen sie nur die Aufenthaltsgenehmigung in einem der Schengen-Staaten haben. Bürger von Drittstaaten, die nicht in einem der Schengen-Länder leben, benötigen damit nur noch ein einziges Visum, das ihnen dann den kurzfristigen, maximal dreimonatigen, Aufenthalt in allen Vertragsstaaten gestattet. Über längerfristige Aufenthaltsgenehmigungen entscheidet das jeweilige Mitgliedsland selbst.

Für die Skandinavier selbst änderte sich in der Praxis allerdings wenig. Die Grenzbäume fielen nur an der achtundsechzig Kilometer messenden dänisch-deutschen Landgrenze zwischen der Flensburger Förde und dem Wattenmeer. Denn Skandinavien hatte bereits eine eigene Passunion. Wegen der Passunion wurden auch die beiden Nicht-EU-Staaten akzeptiert: als assoziierte Schengen-Mitglieder mit eingeschränktem Mitspracherecht.

Hätte man sie nicht aufgenommen, dann wäre die 1619 Kilometer lange Grenze zwischen Norwegen und Schweden mit dreiundachtzig Übergängen zur Schengen-Außengrenze geworden. Das hätte einen ungeheuren Sicherungsaufwand nach sich gezogen. Es mussten ja schon Dutzende skandinavischer Häfen als «Schengen-Außenposten» aufgerüstet werden. Was das bedeutet, ließ sich an der finnisch-russischen Grenze sehen, mit 1324 Kilometer die zweitlängste Außengrenze.

Zum Zeitpunkt der Schengen-Erweiterung um Skandinavien warnte Philippe Chauzy von der International Organization for Migration (IOM), in Genf: «Die lange Grenze zwischen Finnland und Russland ist sehr attraktiv für russische Schlepperbanden.» Viele Menschen kämen aus China, Sri Lanka und Indien über Kasachstan nach Moskau, um von dort aus in die Europäische Union zu gelangen. Doch die finnischen Grenzbehörden gaben sich gelassen. An der finnischrussischen Grenze waren im Jahr zuvor lediglich hunderteinundfünfzig illegale Immigranten aufgegriffen worden. «Wir haben alles im Griff», sagte Kommandant Olli Kunnaken von der finnischen Grenzschutzpolizei im März 2001, «die Situation an der östlichen Grenze wird stabil bleiben.» Er setzte auf die Hilfe von Mutter Natur. Der fünfzig Kilometer breite Waldgürtel sei im Winter gar nicht und im Sommer nur schwer passierbar. Man bräuchte schon eine richtige Ausrüstung, um zu überleben.

Anderswo aber wurden Furcht und Ressentiment offenbar. «Wir glauben», sagte Inger Lagerström von der schwedischen Einwanderungsbehörde Migrationsverket, «dass die Zahl der Asylbewerber in Schweden in diesem Jahr um zwanzig Prozent steigen wird.» Besonders laut wurden die Beitrittsgegner in Dänemark. An der dänisch-deutschen Grenze waren noch im Jahr 2000 rund sechstausend «unerlaubt Ausreisende» entdeckt worden. Nun, mit dem Wegfall der Kontrollen, rechneten einige Dänen mit dem Schlimmsten. Die Deutschen hätten den historischen Tag Ende November gerne mit einem Fest gefeiert. Doch der dänische Justizminister Frank Jensen, ein Schengen-Befürworter, ging auf Distanz zu dem unpopulären Thema und zeigte sich unabkömmlich. Damit überließ er die Bühne nationalistischen Gruppen, die zur Feier des Tages ein Pamphlet verteilten. «Vertrauen ist katastrophal», hieß es darin. Und: «Nur illegale Einwanderer und Narko-Kriminelle haben Grund zum Feiern.» Die populistische Dänische Volkspartei kaufte das aufgelassene Grenzhäuschen in Saed auf, mit der Absicht, es dem Staat zurückzugeben, wenn der «ungezügelte Zustrom fremder Horden» diesen zur Wiedereinführung der Grenzkontrollen zwinge.

Was die populistischen Stimmen geflissentlich verschweigen, ist die Tatsache, dass der Öffnung der Binnengrenzen natürlich die verschärfte Kontrolle der Außengrenze gegenübersteht. Ein so genanntes «Durchführungsübereinkommen» regelt Aspekte wie die gegenseitige Anerkennung von Visa, ebenso die Behandlung von Asylanträgen, aber auch die polizeiliche Zusammenarbeit und die Angleichung der Bestimmungen im Waffen- und Betäubungsmittelrecht. So formulierte die Bundesregierung unmissverständlich: «Strenge Personenkontrollen an den Außengrenzen sind in der Logik der Vereinbarungen von Schengen ein wichtiges Gegengewicht zum Wegfall der Kontrollen an den Binnengrenzen.»

Dazu dienen auch das «elektronische Fahndungsbuch» und das «Schengener Informationssystem» (SIS), ein computergestütztes System, das den Austausch von Daten über Personen und Objekte ermöglicht. Die zentrale Datenbank befindet sich in Straßburg. Von dort werden alle nationalen SIS mit den gleichen Informationen versorgt. Außerdem dürfen Polizisten – unter bestimmten, sehr eingeschränkten Voraussetzungen – fliehende Verbrecher über die Grenze hinweg verfolgen.

Aus Sicht der deutschen Bundesregierung besonders wichtig ist die gemeinsame Asylpolitik: «Hat ein Mitgliedsland über einen Asylantrag entschieden, werden die anderen Schengen-Staaten diese Entscheidung in aller Regel anerkennen.» Das gilt für die Annahme ebenso wie für die Ablehnung eines Antrags. Im Alltag geht es zumeist um die Ablehnung. Das so genannte «Asyl-Shopping» soll verhindert werden: Wer in einem Land abgelehnt wurde, soll es nicht noch einmal in einem zweiten, dann womöglich in einem dritten versuchen dürfen und soll nicht während dieser Zeit noch Sozialhilfe beziehen können. Der erste große Schritt innerhalb der

EU zur Vereinheitlichung der Asylpolitik war die Dubliner Konvention aus dem Juni 1990: «Übereinkommen zur Bestimmung des zuständigen Staates für die Prüfung eines in einem Mitgliedsstaat der EG gestellten Asylantrags», lautete ihr vollständiger Titel. Die Konvention schrieb fest, dass ein Asylbewerber seinen Antrag in dem ersten EU-Land stellen muss, dessen Boden er betritt. Dieser Staat ist dann auch für die Bearbeitung des Antrags und die eventuelle Aufnahme des Flüchtlings zuständig.

Zur effizienten Anwendung der Dubliner Konvention wurde das Eurodac-System geschaffen: Von allen Asylbewerbern mit einem Mindestalter von vierzehn Jahren sowie von allen Nicht-EU-Bürgern, die ohne gültige Dokumente unterwegs sind, sollen demnach bei der Einreise Fingerabdrücke abgenommen und in einen bei der EU-Kommission in Brüssel stehenden Zentralcomputer eingespeist werden. Die Daten von Asylbewerbern sollen für die Dauer von zehn Jahren, die von illegalen Immigranten für die Dauer von zwei Jahren gespeichert werden. Erst im Dezember 1998, acht Jahre nach Dublin, einigten sich die EU-Innenminister allerdings auf den Konventionstext für das Fingerabdrucksystem, mit dem das Land der Ersteinreise in die Europäische Union einwandfrei festgestellt werden soll. Erst seit Januar 2003 ist das Eurodac-System in Betrieb.

Im EU-Vertrag von Maastricht war die gesamte Immigrationspolitik einst nur als eine «Angelegenheit von gemeinsamem Interesse» bezeichnet worden. 1997, im neuen EU-Vertrag von Amsterdam, wurde nun beschlossen, die Visa-, Asyl- und Einwanderungspolitik zu «vergemeinschaften». Das Ziel sollte sein, innerhalb von fünf Jahren zu einer gemeinsamen Visa- und Asylpolitik wie auch zu einer gemeinsamen Kontrolle der Außengrenze zu kommen, ein Ziel, das auch sieben

Jahre nach Amsterdam nicht verwirklicht worden ist. So sollten auch die «Lasten» gerecht verteilt werden. Artikel 63, Absatz 2b, des Vertrags von Amsterdam verlangt die «Förderung einer ausgewogenen Verteilung der Belastungen, die mit der Aufnahme von Flüchtlingen und vertriebenen Personen und den Folgen dieser Aufnahme verbunden sind, auf die Mitgliedsstaaten». Bei diesem Absatz fehlt bezeichnenderweise die Zielfrist von fünf Jahren ganz und gar.

Wie sehr die Deutschen, und insbesondere die Bayern, fürchten, dass eine gemeinsame Immigrationspolitik zur einseitigen Belastung der Bundesrepublik führen könnte, zeigte sich bei den Verhandlungen von Amsterdam in einem scheinbar nebensächlichen Detail. Es waren die Deutschen – und sie sind es bis heute –, die vom Einstimmigkeitsprinzip in der EU wegkommen und zu einem Verfahren mit qualifizierten Mehrheiten gelangen wollen. Von diesem Grundgedanken getragen, durch Mehrheiten schneller zu Einigungen zu kommen, hatte ursprünglich – mit ausdrücklicher Zustimmung von Helmut Kohl – die sonst vorgeschriebene Pflicht zur Einstimmigkeit im EU-Ministerrat bei den Grenzkontrollfragen nach fünf Jahren automatisch entfallen sollen. Doch unter dem massiven Druck mehrerer Bundesländer und vor allem des bayerischen Ministerpräsidenten Edmund Stoiber machte Kohl eine überraschende Kehrtwende in Amsterdam. Es blieb bei dem Zwang zur Einstimmigkeit.

Gerhard Schröder wiederum rückte von dem Prinzip ab, allerdings nur halbherzig. Er stellte in Aussicht, dass Deutschland Mehrheitsentscheidungen akzeptieren werde – wenn Deutschlands Bedingungen erfüllt würden. Das war im Jahr 2000 anlässlich eines Besuchs bei der EU-Kommission in Brüssel. Der Bundeskanzler sprach sich für eine «gesteuerte Einwanderung» aus. In Deutschland würde die Debatte darüber nicht mehr «angstbesetzt», sondern «entlang der wirtschaftlichen Vernunft» geführt. Um dann geschickt verklausuliert fortzufahren: Das Vetorecht in Asylfragen sei künftig verzichtbar, wenn eine einstimmig vom EU-Ministerrat beschlossene gemeinsame Regelung für Asyl- und Einwanderungsfragen vorliege. Man darf dies vielleicht so verstehen: Die Grundsätze müssen einstimmig verabschiedet werden, bei Nebensächlichkeiten kann es dann später Mehrheitsentscheidungen geben. ∎

Die Katastrophe von Portopalo

■ Kurz nach Weihnachten des Jahres 1996 tauchten an der südsizilianischen Küste eine Handvoll Menschen auf und berichteten von Erlebnissen, die niemand recht glauben wollte. Angeblich waren sie mit einem Fischkutter in italienische Gewässer gekommen. Das Schiff sei weit außerhalb mit dreihundert Menschen an Bord gesunken, Menschen aus Indien, Pakistan und Sri Lanka. Von einem Tamilen namens Balachandran Vegnpawaran erfuhren wir in Griechenland Näheres. Einige der Leute seien per Flugzeug nach Kairo gereist, in Alexandria dann auf den Frachter *Iohan* gestiegen, andere seien von anderen Booten aus zugeladen worden. Er selber habe siebentausend Dollar für die Überfahrt bezahlt. Vor Malta habe der libanesische Kapitän die Flüchtlinge mit Waffengewalt gezwungen, in den Kutter umzusteigen, wo sie in die Laderäume unter Deck gezwängt wurden. Der völlig überladene Kutter sei schnell gesunken. Sein Schiffsführer habe noch versucht, zur *Iohan* zurückzukehren. Der Frachter rammte den Kutter, worauf dieser noch mehr Wasser fasste. Vegnpawaran konnte ein Tau des Frachters zu fassen kriegen und sich an ihm hochhangeln. Doch auch ihm wollte niemand glauben, zumal unerklärt blieb, wie er sich später nach Griechenland durchgeschlagen hatte.

Schon im Januar gab es weitere Indizien, grausige Hinweise auf eine Tragödie. Ein Fischer aus Portopalo, am Kap Passero, der südlichsten Spitze Siziliens gelegen, zog in seinem Netz nicht nur Fische an Bord, sondern auch eine menschliche Leiche. Fünfundzwanzig bis dreißig Jahre alt schätzte der Fischer den Toten, der einen goldenen Ring mit einem kleinen, pyramidenförmigen roten Stein am Finger getragen habe. Die Haut des Menschen sei schon von den Fischen angefressen gewesen. Als er versuchte, den Körper aus dem Netz zu lösen, sei der Kopf abgefallen. Der Fischer will darauf die Augen zugekniffen und seinen grausigen Fang wieder ins Meer geworfen haben. Der Mann zog es vor, dies alles nur anonym und erst viereinhalb Jahre später zu erzählen. Ein Kollege, dem damals ebenfalls eine Leiche ins Netz gegangen war und der dies gemeldet hatte, musste darauf tagelang zum Verhör in die Hafenkommandantur. Auch andere, die zu jener Zeit mal einen Arm, mal ein Bein in ihren Netzen entdeckten, warfen die Leichenteile einfach zurück und hielten dicht. In Portopalo war immer nur in Gerüchten von einem «Geisterschiff» mit Flüchtlingen die Rede, das am Weihnachtstag vor dem Kap Passero gesunken sein muss. Die Hafenkommandantur unternahm nach dem Verhör nichts. Die Guardia di Finanza sah keine Zuständigkeit ihrerseits, Küstenwache und Polizei auch nicht.

Verwandte der Verschollenen stellten Nachforschungen an, vergeblich. Im Februar 1997 war plötzlich ein Menschenkopf auf einen Straßenpfahl in Portopalo gesteckt worden. Die Carabinieri schafften ihn fort, ohne dass weiteres geschah. Dreitausenddreihundert Einwohner, hundertsiebzig Fischer, fünf Polizisten, ein Bürgermeister – alle müssen etwas gewusst haben, keiner hat es für nötig gehalten, die Behörden zu verständigen.

Im Juni 2001 wurde dann das ganze Ausmaß der Katastrophe deutlich. Die Bilder, die eine ferngesteuerte Unterwasserkamera aus hundertundacht Meter Tiefe, an einer Stelle rund zwanzig Seemeilen von dem südostsizilianischen Kap entfernt, übertrug, brachten die schreckliche Wahrheit zutage. Sie zeigten das achtzehn Meter lange, vier Meter breite maltesische Fischerboot *FI 74* mit der illegalen Fracht noch an Bord. Ein Reporter der größten italienischen Tageszeitung, der *Repubblica*, Giovanni Maria Bellu, hatte die Gerüchte beharrlich nachrecherchiert und seine Chefredaktion dazu gebracht, ein Spezialistenteam auf die Suche nach dem Wrack zu schicken. Bellu selbst war erst im April 2001 auf die Sache gestoßen, als ein anderer Fischer aus Portopalo davon berichtete, wie er einen in Plastik eingebundenen Pass, ausgestellt auf einen Anpalagan Ganeshu, in seinen Netzen gefunden hatte.

Die an einem Kleinroboter angebrachte Kamera zeigte einen schlammbedeckten Turnschuh. Ein Koffer war zu sehen. Eine Handtasche. Dann ein bunter Sari, der ein Skelett umschlang. Aus einer Jeans stach ein Knochen hervor. Eine ganze Reihe von Skeletten war zusammengekauert in den Ladekammern zu sehen. Die Bilder bestätigten bis ins Detail die Berichte der Überlebenden.

Demnach waren also tatsächlich in der Nacht vom 25. auf den 26. Dezember 1997 über dreihundert Menschen von der *Iohan* auf die *FI 74* gezwungen worden, es muss gegen drei Uhr in der Frühe gewesen sein, und wenig später mit dem Fischerboot in die Tiefe gerissen worden. Vielleicht zwei Dutzend überlebten, 283 starben. Einige der in den Laderäumen Eingezwängten hatten offensichtlich noch versucht, die Luken aufzustemmen, vergeblich, denn sie wurden vom Gewicht der auf ihnen Zusammengepferchten heruntergedrückt.

Das Grauen muss unvorstellbar gewesen sein.

Und wer das «Glück» hatte zu überleben, den lässt fortan die Erinnerung daran nicht mehr los. Nicht nur die Erinnerung an das Grauen auf See, sondern auch daran, wie es zu all dem kam. Wir reden von dem Fall der Moldawierin Natalia Vieriu, die mit einem anderen Schlepperboot nach Italien kam. Ihre Zeugenaussage im Prozess gegen den fünfunddreißigjährigen Albaner Eshraf Hysa gab Ulrich Ladurner im Dezember 2000 in der *Zeit* in einer Reportage einfach nur im Wortlaut wieder, weil er glaubte, dieser Aussage sei schlicht «nichts hinzuzufügen». Sie verdient es, hier ausführlich zitiert zu werden:

«Alles begann am 18. Januar dieses Jahres [1997]. Ein Mann bot mir Arbeit in Österreich an. Ich nahm an, weil ich nicht mehr wusste, wie ich mich und meine sechsjährige Tochter ernähren sollte. Sie brachten mich und zwei andere Frauen nach Rumänien, dann nach Ungarn. In der ungarischen Provinz stießen noch zwei Männer zu unserem Begleiter aus Moldawien. Unser Begleiter sagte, ganz so, als sei es die normalste Sache der Welt, dass wir verkauft worden sind. Sie zwangen uns, die Kleider abzulegen, um die ‹Ware› zu begutachten. Sie sagten uns, dass wir in Zukunft als Prostituierte arbeiten müssten. Danach brachten sie uns in einem Auto über die Grenze nach Jugoslawien. Ich bin mir sicher, dass die Beamten an der Grenze verstanden haben, wer wir waren, aber unsere Peiniger haben uns nicht einmal erlaubt, die Fenster zu öffnen. Die Grenzer haben sich nicht um uns gekümmert. Die Reise ging weiter nach Montenegro. Hier haben sie uns für 15 000 Dollar an Albaner verkauft.

Danach überquerten wir einen See. In Shkodra, Albanien, haben zwei Männer uns drei in einen Mercedes verladen und uns in die Hauptstadt gebracht. In Tirana wurden wir ein drittes Mal verkauft. Der Käufer hat mich sofort vergewaltigt und danach an seinen Freund abgegeben. Es handelt sich dabei um Eshraf Hysa, den Angeklagten. Jedes Mal, wenn ich ihn um etwas Essen bat, schlug er mich, bis ich das Bewusstsein verlor. Einmal hielt er mir eine Pistole an den Kopf. Ich glaubte, hoffte vielleicht, er würde mich erschießen. Ich blieb sechs Tage lang im Hause dieses Mannes eingesperrt. Ich befand mich im zweiten Stock des Gebäudes. Im ersten wohnte die Familie meines Folterers, der Bruder, seine Frau und sein dreizehnjähriger Sohn. Wenn Eshraf Hysa weg war, kam der Bruder und vergewaltigte mich.

Nach einer Woche brachte mich Hysa nach Vlorë für die Überfahrt nach Italien mit einem Schnellboot. Es war der schlimmste Moment in meinem Leben. In Vlorë begriff Hysa, dass ich mit meinen Kräften am Ende war und dass ich alles unternehmen würde, um zu fliehen. Eines Abends hatte er zu mir gesagt: ‹Du bist meine Sklavin. Wenn du zu fliehen versuchst, bringe ich dich nicht um, sondern ich verkauf dich, und das wird noch viel schlimmer für dich.›

Er kaufte Karten für die Überfahrt von zwei großen, kräftigen Albanern mit langen, gelockten Haaren. Es war der 7. März.

Ich will Hysa nicht tot sehen. Das ist zu einfach. Ich möchte, dass er versteht, dass er denselben Schmerz empfindet. Er soll seine Bosheit mit einem Leben hinter Gittern bezahlen.»

Die Katastrophe von Portopalo ereignete sich im Verborgenen und konnte mehrere Jahre in den Deckmantel des Schweigens gehüllt werden. Ein Versagen auf der ganzen Linie. Denn eigentlich funktioniert die internationale Zusammenarbeit zwischen Geheimdiensten und Polizeistellen inzwischen recht gut. In den Häfen des östlichen Mittelmeerraums kundschaften Informanten der Dienste sowie Verbindungsleute des Bundeskriminalamts und der entsprechenden Polizeistellen nahezu aller europäischen Staaten die Schmugglerbanden aus. Verdächtige Schiffsbewegungen werden an die Verbindungsstellen der Partnerländer gemeldet, so dass die europäische Abwehr oftmals längst mobilisiert ist, bevor ein Seelenverkäufer vor ihren Küsten auftaucht.

So geschehen bei der *Monica*, einem vierundsiebzig Meter langen Frachter, der am 17. März 2002 mit sechzehn Knoten auf die sizilianische Küste zudampfte. Bei der *Monica* hatte es bereits am 2. März erste Hinweise auf die bevorstehende Reise gegeben. Von einem kleinen Lebensmittelgeschäft in Beirut aus wurde auffallend häufig in die Türkei telefoniert. Außerdem hatte sich vom Libanon aus ein als Schmugglerkönig bekannter Geschäftsmann nach Zypern begeben, um Ersatzteile für Schiffsmotoren und Lebensmittel einzukaufen. Am 11. März schließlich ging im südlibanesischen Sarafad die *Monica* vor Anker – ein rostiger Kahn, keine fünftausend Euro wert, im Besitz eines Syrers, registriert in Tonga. Die Flüchtlinge, überwiegend irakische Kurden, wurden, bevor sie an Bord gingen, von den Schleppern so durchsucht, als bestiegen sie ein Passagierflugzeug. Die Menschenhändler filzten die Immigranten auf alles, was auf ihre Herkunft hindeuten könnte, nahmen ihnen Tabletten ebenso ab wie Papiere, Lebensmittel wie Fotos.

Denn die Schlepper wissen ganz genau, dass Europa – in diesem Fall die Guardia di Finanza und die mit ihr kooperierenden deutschen Behörden – letztlich machtlos ist. Sie schärfen den Geschleppten ein, ihre Ausweispapiere wegzuwerfen und bei eventuellen Verhören ihre Herkunft zu verschleiern beziehungsweise, wenn es glaubwürdig erscheint, ein Land anzugeben, in dem Bürgerkrieg herrscht oder Volksgruppen verfolgt werden. So verbessern sie ihre Chance, erst einmal in ein Asylverfahren aufgenommen oder gleich geduldet zu werden.

Und auf See haben die Schlepper auch noch das internationale Recht auf ihrer Seite, wenn sie die Sache geschickt genug anstellen. Denn das Seerecht schreibt zwingend vor, einem Schiff in Not Hilfe zu gewähren. Der Kapitän eines Seelenverkäufers muss nur, auch wenn er sein Schiff selber manövrierunfähig gemacht hat, seine Seenot kundtun, SOS funken oder rote Leuchtkugeln abfeuern, damit die Kriegsmarine des Landes ihn in einen Hafen schleppt.

Am 17. März 2002, es war ein Sonntag, sichtete die französischen Fregatte *Anconit* die *Monica* etwa hundert Seemeilen vor der italienischen Küste. Welches Gewicht Europa der Angelegenheit beimaß, zeigt die Tatsache, dass es Frankreichs damaliger Premierminister Lionel Jospin persönlich war, der die weiteren Befehle für die *Anconit* erteilte. Immerhin hatten im Jahr 2001 über zwanzigtausend illegale Einwanderer den Weg übers Meer nach Europa gefunden.

Jospin ordnete also an, den rostigen Frachter zu durchsuchen und herauszufinden, wo er tatsächlich registriert war. Die *Anconit* setzte ein Beiboot aus. Als es sich der *Monica* näherte, kamen aus den Ladeluken Hunderte von Menschen an Deck. Dem umsichtigen Kapitän der französischen Fregatte war sofort klar, dass sich hier nichts durchsuchen ließ. Er fürchtete eine Panik an Bord des Frachters und ließ – Befehl aus Paris hin oder her – seine Soldaten mit dem Beiboot wieder zurückkehren. Es blieb ihm nichts anderes übrig, als die italienische Küstenwache zu informieren: «Hier fährt ein Frachter mit Namen *Monica*», war seine resignierte Botschaft, «es sind sehr viele Menschen an Bord.»

Gegen 21 Uhr lief in Catania an der sizilianischen Ostküste die *Sciuto,* ein Patrouillenboot der Guardia di Finanza, aus.

Es hat eine Mannschaft von acht Männern, einer von ihnen ist als Springer bestimmt. Er soll gegebenenfalls an Bord des fremden Schiffs springen, das die *Sciuto* an den Haken zu nehmen hat. In der Nacht des 17. März herrschte Ost-Nord-ost-Wind, Stärke vier. Das ist nicht übermäßig stark. Aber die See ist rau, kleine hektische Wellen schäumen auf. Als Comandante Andrea Mastria den Maschinisten Bruno Antonino am Abend angerufen hatte, wusste dieser sogleich, dass er wieder einmal springen muss. Es war schon nach Mitternacht, als Alberto De Santis, der Kapitän der *Sciuto*, am Rand der Zwölf-Meilen-Zone nun seinerseits versuchte, die *Monica* zu stoppen. Er funkt, gibt zugleich Lichtzeichen, für den Fall, dass der Kapitän des Frachters des Englischen nicht mächtig ist. Doch dieser versteht weder das eine noch das andere. Als die Finanzieri sich dem Schiff nähern – inzwischen haben sie ihm noch sechs weitere Boote entgegengestellt –, hat ein Mann, offensichtlich einer aus der Schlepper-Crew, plötzlich ein Kind in den Armen und lässt es über der Reling baumeln. Deutlicher könnte diese Sprache nicht sein: Aus dem Weg – oder das Kind fällt.

Den Polizisten bleibt nichts anderes übrig, als sich wieder zurückzuziehen. Was sollen sie schon tun, etwa den Frachter entern wie eine Eliteeinheit im Krieg? Der Zufall hilft ihnen. Aus irgendeinem Grund stoppt die *Monica* die Maschinen. Anscheinend hat der Kapitän eingesehen, dass er keine Chance hat, seine Ladung unbemerkt in einer abgelegenen europäischen Bucht zu löschen. Jetzt ist die Zeit für den Einsatz des Springers Bruno Antonino gekommen. Als die *Sciuto* wenig später längsseits der *Monica* von einer Welle gehoben wird, greift Antonino nach der Rumpfkante des Frachters. Er will sich hinaufziehen auf das Schiff, das, wäre es nach dem Willen der verantwortlichen Politiker gegangen, einfach nur zum Abdrehen hätte gezwungen werden sollen. Er muss einen festen Griff haben. Aber diesmal braucht er sich nicht groß anzustrengen. Helfende Hände ziehen ihn an Bord. Er wird geküsst, umarmt, gefeiert wie der Sendboote des verheißenen Landes.

Als er sich endlich von den Flüchtlingen befreit hat, klettert er hinab in den Maschinenraum. Dort hat jemand den Augenblick der Freude genutzt und ganze Arbeit geleistet. Der Kompressor ist zerbrochen, anscheinend mit einem Hammer zerschlagen. Nun kann niemand mehr die *Monica* dahin zurückschicken, wo sie hergekommen ist. Sie jetzt nicht in einen sicheren Hafen zu schleppen hieße, die 909 Flüchtlinge, darunter 362 Kinder, die sieben Tage zuvor an Bord gegangen waren, dem Tod zu übergeben. Die Italiener können nicht einmal die Täter dingfest machen. Die Schlepper-Besatzung ist für die Finanzieri nicht mehr auszumachen. Sie hat sich unauffällig unter die Geschleppten gemischt.

Deutsche Beamte vom Bundeskriminalamt sind schon im Hafen von Catania, als die *Monica* hereingezogen wird. Innenminister Otto Schily hat wegen der zu «erwartenden Weiterschleusung auf dem Landweg nach Deutschland» alle ihm untergebenen Dienststellen auf Härte eingestimmt. Die Kurden sollten auf keinen Fall bis in die Bundesrepublik kommen. Und falls doch, dann sollten sie unverzüglich nach Italien zurückgeschickt werden. Schily ersucht die italienische Regierung, die Immigranten, die mit der *Monica* gekommen sind, «unbürokratisch» zurückzunehmen, falls sie in Deutschland aufgegriffen werden. Auch er hat das Recht auf seiner Seite, in diesem Fall den Vertrag von Dublin aus dem Jahre 1997 und jene Klausel, die vorsieht, dass illegal eingereiste Asylsuchende in das Land zurückzuschicken seien, in dem sie erstmals europäischen Boden betreten haben.

Die Kurden von der *Monica* wurden am 19. März in Busse gesetzt und nach Bari gefahren, also in das Zuständigkeitsgebiet von General Sbarra. Doch mit Menschen, die bereits angekommen sind im gelobten Europa, hat er nichts zu tun. Jetzt sind die staatlichen und die privaten Hilfsorganisationen dran, die Polizei, die Staatsanwälte sowie die Asylbeamten des Innenministeriums.

An diesem 19. März 2002, knapp elf Jahre nach der «Unterbringung» der vielen tausend Albaner im Vittoria-Stadion, muss der militärische Teil des Flughafens Palese als Unterkunft herhalten. Als die Flüchtlinge am Mittag in Bari ausstiegen, standen fünfhundert Wohnwagen für sie bereit, eine große logistische Leistung, gewiss. Sie standen auf einer Betonpiste, auf einem Gelände direkt neben dem zivilen Flughafen – eingeschlossen von einem zwei Meter hohen Stacheldrahtzaun.

Den Staatsanwälten gelang es ziemlich schnell, die Besatzung herauszufiltern. Von allen neunhundert Menschen wurden Fingerabdrücke genommen. Der Abgleich mit den Abdrücken am Ruder der *Monica* identifizierte einen Ahmed Isman als den Kapitän. Von ihm war es nur noch ein kurzer Weg zu dem guten halben Dutzend Crew-Mitgliedern, die für ein- bis zweitausend Dollar angeheuert worden waren. Den Ermittlern gelang es überdies, eine große Überraschung, ein gutes Dutzend Mitglieder der eigentlichen Schlepper-Mafia ausfindig zu machen. Sie waren mitgefahren, um die Geschleppten bei der Stange zu halten. Wenn einer Ärger machte, wenn er nur die Reise abbrechen wollte, dann drohten die «Begleiter» ihm mit Rache an den in der Heimat zurückgebliebenen Verwandten.

Durch die Zusammenarbeit mit den Deutschen und bei späteren Verhören auch in der Bundesrepublik kam noch sehr viel mehr über die Organisation der Schlepper-Mafia zutage. Offensichtlich war dieses ganze Unternehmen, wie anscheinend auch viele andere, von Kurdenorganisationen in Deutschland mitorganisiert worden. Sie haben beste Kontakte zu den Kriminellen im Libanon und in Syrien und, selbstverständlich, auch zu den Kurden in den vier Ländern Iran, Irak, Syrien und der Türkei. Kurdische Helfer standen bei der *Monica*, wie in anderen Fällen auch, in Deutschland bereit, nach Süden zu fahren, sobald die Landung des Schiffs angekündigt ist. Diese Helfer haben zwei Aufgaben. Sie sollen den Begleitern die Heimreise organisieren und die Geschleppten zu ihrem Zielland bringen. Dafür machen sie sich in Minibussen, mit Wohnwagengespannen und Kleintransportern auf den Weg über die Alpen. Wenn die Geschleppten selbst nicht über das nötige Geld für die Flucht verfügen – bis zu fünftausend Euro für die Fahrt auf einem Schrottdampfer wie der *Monica* –, dann machen sich wieder andere Helfer ans Werk und treiben die «Schulden» bei den «Bürgen», den bereits in Europa lebenden Verwandten, ein.

Nach den Staatsanwälten machten sich die aus Rom angereisten Inspektoren des Innenministeriums an die Arbeit: Sie fanden unter den 742 irakischen Kurden nur dreiundsechzig, die sie als asylwürdig anerkannten. Die große Mehrheit, 679, bekam Ausreiseverfügungen. Längstens drei Monate durften sie also noch in dem Wohnwagenlager auf dem Flugfeld bleiben. Wer vorher gehen wollte, durfte auch das. Normalerweise gewährt Italien fünfzehn Tage Aufenthalt. Polizisten fuhren die Lagerinsassen, die von diesem Recht Gebrauch machen wollten, ins Zentrum von Bari, ließen sie beim Bahnhof, wo sich die Einkaufspassagen und Luxusboutiquen befinden, aussteigen mit den Worten: «Sie sind jetzt frei.» Wer fragte, wohin sie denn jetzt gehen sollten, bekam ein Achselzucken zur Antwort. Doch es dauerte stets nur wenige Tage, bis ein Helfer auftauchte, der die in den spärlichen Grünanlagen campierenden Kurden einsammelte und in einen Kleinbus setzte. Reiseziel: Deutschland.

Otto Schily hatte aber noch einen weiteren Grund, verärgert zu sein. Die Fingerabdrücke der Immigranten, welche die Italiener so sorgfältig den Passagieren und Seeleuten der *Monica* abgenommen hatten, wurden trotz aller Versprechen nicht nach Deutschland weitergeschickt. Da nutzte dann auch die Direktive der Grenzschutzdirektion in Koblenz an sämtliche deutsche Grenzschutzämter, wie mit den «nach Deutschland Durchgeschleusten» zu verfahren sei, nichts mehr.

Das Dubliner Abkommen lässt auf dem Papier an Deutlichkeit nichts zu wünschen übrig. Die Wirklichkeit sieht komplizierter aus. In jedem Fall muss ein formelles Rücknahmeersuchen gestellt werden. Und das geht dann irgendwo in den Mühlen der italienischen Bürokratie verloren. ■

Patio 2

Die etwa zwanzigjährige Nigerianerin stand, wo sie immer stand, wenn sie auf Kundschaft wartete. Eine Stelle an einer öden Straße ohne Bürgersteig in einem Industriegebiet namens Guadalhorce in der spanischen Hafenstadt Málaga. Von den Touristen, die sich von dem stark frequentierten Flughafen direkt zu ihren Hotels an der Küste fahren lassen, verirrt sich keiner hierher. Einheimische schon, denn sie kennen natürlich den Straßenstrich von Guadalhorce.

Am Sonntag, dem 19. August 2001, kurz vor halb acht in der Früh, hielt ein großer Wagen mit Allradantrieb bei der jungen Frau. Am Steuer saß ein Mann, im Fond ein weiterer Mann, der sich bereits eine Nigerianerin besorgt hatte. Die junge Frau stieg zu, und der Fahrer fuhr los. Auf der Fahrt kam es zum Streit. Der Fahrer fuhr nicht zu dem Ort, den die junge Frau ihm genannt hatte. Vielleicht steuerte er den Nachtclub «Scándalo» an, denn ganz in seiner Nähe kam es zu dem schrecklichen Ereignis. Als die Frau weiterhin insistierte, riss der Fahrer plötzlich die Beifahrertür auf und stieß die Prostituierte hinaus. Sie fiel mit dem Kopf zuerst auf die Straße und muss sofort tot gewesen sein.

Eine Immigrantin, deren Namen niemand kennt, deren Traum von Europa mit dem Tod am Kantstein eines Straßenstrichs endete. Denkbar wenig war über sie zu erfahren. Dass wir überhaupt etwas von ihr wissen, verdankt sich dem Mut der anderen jungen Frau.

Der Mörder hatte die Nerven nicht verloren. Er fuhr unbeteiligt weiter, und als die nächste Ampel auf Rot wechselte, hielt er brav an. Die junge Frau im Fond nutzte die Gelegenheit. Sie riss die Tür auf und lief davon. Sie lief geradewegs zu der Stelle, an der sie ihre Landsmännin vermutete. Von dort rief sie die Polizei. Der später eintreffende Notarzt konnte nur noch den Tod der jungen Frau bestätigen.

Für die Mordkommission der Provinz Málaga ein praktisch unlösbarer Fall. Auf dem Straßenstrich herrscht das Gesetz des Schweigens. Die zweite Nigerianerin hatte unter Schock ein paar Angaben gemacht. Mehr war nicht zu erfahren. Dass hinter vorgehaltener Hand doch über den Vorfall geredet wurde, zeigte sich daran, dass in der Nacht zum Montag der Strich leer blieb. Eine Nacht lang. Danach ging das Geschäft wieder los, als wäre nichts geschehen.

Die junge Frau war in ihrem Tod nicht allein. Hunderte, Tausende sterben auch an dieser Ecke Europas anonym. Im «Patio 2» des Friedhofs von Tarifa, am südwestlichsten Zipfel Spaniens gelegen, trennt ein Seil notdürftig eine Begräbnisstätte für Namenlose von den letzten Ruhestätten derer ab, deren Angehörige ihre Gräber pflegen und ihre Namen in Ehren halten. Das Seil dient keinem anderen Zweck, als das unachtsame Herumtrampeln auf den Gräbern der Namenlosen, die nicht einmal als Gräber zu erkennen sind, zu verhindern. Das Seil ist ein winziges Zeichen von Respekt für Tote, denen niemand einen Grabstein oder nur ein Kreuz gesetzt hat, denen niemand eine Inschrift widmete, niemand Blumen bringt. An diesem vom Wind zerzausten Ort, von dem aus man einen freien Blick über den Atlantik hat, auf dem die blitzenden Segel der Windsurfer wie Mücken auf einem Teich hin und her flitzen, hinter diesem Seil deutet wenig darauf hin, dass auch hier Menschen begraben sind. Allein ein einziges umgefallenes Holzschild erinnert an einen Toten. Nur ein Name steht auf dem Brett, kein Datum, nur: Mohammed.

Wer hier im Patio 2 in Tarifa begraben ist, war seinem Ziel schon ganz nah. Die meisten kommen aus dem Nordwesten Afrikas, aus dem Maghreb. Viele ziehen aber auch zu Fuß durch die Sahara. Es sind Schwarzafrikaner aus Nigeria, Ghana, Sierra Leone, Liberia – wo immer gerade einer jener Kriege oder Bürgerkriege herrscht, bei denen die minderjährigen Jungs zu Killermaschinen abgerichtet und die kleinen Mädchen in die Prostitution gezwungen werden. Aus Ländern, in denen es kein Vorankommen gibt für die Menschen, Menschen, die wissen, dass ihre Fähigkeiten, sei es als Friseuse oder als Ärztin, als Elektriker oder Professor, sie in Europa weiterbringen, dass sie auf dem gelobten Kontinent endlich ihr Schicksal in die eigene Hand nehmen können. Wieder andere stammen aus Asien, aus Afghanistan und Pakistan, aus China gar. Irgendwie, eingepfercht in Busse und Lkw, haben sie von einem Flughafen südlich des Äquator aus, wie die Afrikaner, den Weg durch die Wüste geschafft und sind in Tanger angekommen. Tanger, diese einst so malerische Kulturhauptstadt Marokkos, ist zu einem Durchgangslanger für Migranten geworden, die alles versuchen, um in das Europa der Schengen-Staaten zu kommen. Von Tanger aus lässt sich hinüberblicken zum Südzipfel Spaniens. Man sieht bereits die Lichter Europas. Sie blinken voller Verheißung. Nicht einmal fünfzehn Kilometer ist der Estrecho breit, die engste Stelle zwischen Afrika und Europa. Die Straße von Gibraltar hat sich als eine jener Öffnungen in der umkämpften Außengrenze erwiesen, die einfach nicht zu schließen sind.

Hier übernimmt die Guardia Civil, die einst vom spanischen «Caudillo», dem General Franco, aufgepäppelte paramilitärische Nationalpolizei, eine ähnliche Rolle wie die Guardia di Finanza in Italien. Auch am Estrecho wurde aufgerüstet mit Hubschraubern, Schnellbooten, Satellitenüberwachung und gewaltigen Radaranlagen, wurde die Abfangjagd mit der Marine und der regulären Polizei koordiniert. Und doch ist man hilflos. Das liegt nicht zuletzt am Unwillen des Nachbarlandes Marokko, das durchaus imstande wäre, den Flüchtlingsstrom zu bremsen. In Marokko muss ein Taxichauffeur, wenn er den Stadtbezirk verlässt, in dem er registriert ist, erst einmal mit den Pässen seiner Fahrgäste zur Polizei, muss die Fahrt in eine andere Stadt anmelden. Im Süden wacht nach wie vor die Armee an der «Grünen Linie», wo einst die Sahauris ihren eigenen Staat abtrennen wollten. Dieses Marokko voller Wüsten, durchzogen vom Atlas-Gebirge, mit Straßenkontrollen vor jeder Stadt, ist unpassierbar. Es sei denn, seine Beamten lassen sich bestechen, schauen weg – wenn sie nicht ohnehin mit den Schlepper-Banden kooperieren.

«Moros» nennen die Spanier sie. Die Schwarzen aus dem subäquatorialen Afrika ebenso wie die Araber aus dem Maghreb. Offiziell werden sie als «Sinpapeles» bezeichnet, Menschen ohne Aufenthaltsgenehmigung, ohne Papiere. An einem einzigen Tag im Spätherbst 2001 nahm die Guardia Civil 503 Sinpapeles an den Küsten auf ihrer Seite des Estrecho fest, 448 direkt bei Tarifa.

An den Stränden dieses südlichsten Orts auf dem spanischen Festland, einem Paradies für Windsurfer, hatte sich im Sommer ein menschenunwürdiges Schauspiel so häufig wiederholt, dass es kaum noch beachtet wurde. Die Surfer konnten es regelmäßig erleben, wenn Flaute herrschte und sie am Strand saßen und auf den Wind warteten. Nahe der Küste, mitunter nur wenige Meter vom Strand entfernt, setzen die Bootsführer die Geschleppten ab. Manchmal waren es bis zu sechzig Menschen, die sich in eines der «Zodiac»-Schlauchboote quetschten. Die letzten Meter mussten sie waten oder schwimmen, denn die Zodiacs landen nie, sollen sofort nach dem Aussteigen zurückfahren. Dies sind nicht die schnellen Boote der Albaner. Dies sind lahme, Wasser fassende, poröse Gummiboote mit schwachen Motoren. Auch ein Indiz für das Wohlstandsgefälle. Aber für die Besitzer sind sie – wie auf dem Balkan – das Betriebskapital, also wichtiger als die Menschen, die sie transportieren. Wenn die Moros den Strand erreicht haben, rennen sie sofort los. Sie springen über Handtücher, umrunden Surfergruppen, flitzen so schnell sie können über die Landstraße und sind verschwunden. Wenn sie jetzt nicht geschnappt werden, haben sie es so gut wie geschafft. Die meisten haben einen Zettel mit Telefonnummern und Adressen bei sich – von Verwandten und Bekannten, die hier schon Fuß gefasst haben.

An jenem Herbsttag 2001, an dem so viele aufgegriffen wurden wie nie zuvor, wurden auch zwei Menschen im Wasser geborgen und von der Guardia Civil eilends in das Krankenhaus «Punta Europa» in der nahen Hafenstadt Algeciras geflogen. Einer hatte einen Schwächeanfall erlitten, Herzversagen, er überlebte nicht und wurde auf dem Friedhof der Namenlosen, im Patio 2 begraben. Der andere musste wegen schwerer Verätzungen behandelt werden. Sie stammten vermutlich von den Chemikalien, die die Frachtschiffe in der Meerenge verklappen. Er überlebte.

Einige hatten in diesen Tagen versucht, eine andere Route zu wählen, mit fatalen Folgen. An einem nebligen Morgen landeten fünfzig Afrikaner am Kap Gata östlich von Almería in einem Fischerboot. Sie hatten es in Melilla, eine der beiden spanischen Enklaven in Marokko, gestohlen, waren damit gut hundertsechzig Kilometer über das Mittelmeer gefahren. Vier Insassen konnten von der Guardia nur noch tot geborgen werden. Am selben Tag starb ein Junge namens Abdelfagur im Krankenhaus von Ceuta, der anderen spanischen Enklave in Marokko. Der Vierzehnjährige stammte aus dem marokkanischen Tetuan, hatte irgendwie die Grenze zur Enklave überquert. In Ceuta lungerte er wie viele Jungs am Hafen herum, wartete auf seine Chance. Sie kam nach einer Fiesta. Abdelfagur versteckte sich auf einem der Lastwagen, die Schaubuden mit der Fähre von Ceuta zurück nach Algeciras brachten. Er muss heruntergefallen sein, womöglich noch auf der Rampe. Vielleicht wurde er auch entdeckt und von der Fähre geworfen. Sein fast schon lebloser Körper wurde am Strand Chorrillo, auf der Südseite Ceutas, gefunden. Das ist eigenartig. Denn der Fährhafen liegt auf der Nordseite, ist allerdings durch einen etwa dreihundert Meter langen Kanal mit Chorrillo verbunden. Vielleicht hat der Junge den Kanal durchschwommen. Irgendjemand brachte ihn ins Krankenhaus. Nach zwölf Tagen starb er. Sein Leichnam konnte an die Verwandten auf der anderen Seite des Grenzzauns übergeben werden. ∎

Tomatenernte im Plastikland

■ Die Straße von Gibraltar ist die meistbefahrene Schiff-
fahrtsroute der Welt. Von den Brücken der Supertanker und
der turmhoch beladenen Containerschiffe sind die Schlauchboote der Menschenschmuggler überhaupt nicht zu sehen.
Und selbst wenn ein Kapitän ein kleines Schiff vor seinem
Bug ausmachte, er könnte seinen Giganten weder stoppen
noch ihn um das Hindernis herummanövrieren. Binnen Minuten können sich in der Straße auch die Wasserverhältnisse
ändern. Eben noch ist die See glatt, da türmen sich wie aus
dem Nichts Wellenberge von vier bis fünf Meter Höhe auf.
Die größte Gefahr stellen indes die «Zodiacs» selbst dar, jene
trägen Schlauchboote, die hier von den Schleppern verwen-
det werden. Die Motoren versagen, die Gummihäute schlagen leck. Wie viele Menschen kommen im Estrecho qualvoll
um, wie viele erreichen ihr Ziel? Die Guardia Civil nennt nur
«sichere» Zahlen, also die der geborgenen Leichen und die
der Aufgegriffenen. Die Hilfsorganisation «Vereinigung der
marokkanischen Arbeitsmigranten in Spanien» spricht von
jährlich weit über tausend Toten, mehr als an allen anderen
Grenzen Europas.

Eine Untersuchung des spanischen Arbeits- und Sozial-
ministeriums aus dem Jahre 2001 kommt zu dem Ergebnis,

dass jeder, wirklich jeder Landwirt in Südspanien illegale Einwanderer beschäftigt. Die Immigranten sind die neuen Tagelöhner. Die Moros, die Mauren, deren Vorfahren Kultur und Rechenkunst nach Europa brachten, werden heute als Tomatenpflücker gebraucht. Sie sind auf der anderen Seite der N 340, der Küstenstraße im Süden Spaniens, hochwillkommen. Vor allem ein paar hundert Kilometer weiter östlich, in der Provinz Almería, jenseits der touristischen Betonlandschaft von Marbella und Malaga. Wo die Bettenburgen enden, beginnt eine graugrünlich schimmernde Plastiklandschaft. Sie ist rund zweihundert Kilometer lang und dreißig Kilometer breit, bedeckt eine Fläche, die weit größer ist als die des Estrecho. In diesem Teil des Landes wird es heißer als irgendwo sonst in Spanien. Noch in den siebziger Jahren flohen die Einheimischen diese Gegend, suchten in den Industriegebieten Belgiens, Deutschlands, Frankreichs und Hollands ihr Glück. In die verlassenen Orte kamen andere, noch ärmere Spanier, Leute aus der Region Murcia, aus Katalonien, Bergbauern aus der Alpujarras. Sie versuchten hier Wein anzubauen, ein mühseliges, unsicheres Geschäft. Auch sie verließen die trockenen Böden wieder. Andalusien wurde zum Inbegriff von Armut und Hoffnungslosigkeit.

Aber dann geschah ein Wunder. Jemand kam auf die ebenso einfache wie geniale Idee, die Felder mit Plastik vor der unbarmherzigen Sonne zu schützen. Erst waren es kleine Tunnel, aufgebaut in Reihen über der Krume, dann wurden es ganze Häuser, schließlich Werkshallen aus Plastik. Sie schützen vor Hitze ebenso wie vor Kälte und vor den plötzlichen, verheerenden Regenfällen, die nicht nur die Keimlinge erschlugen, sondern auch die wenigen Zentimeter an fruchtbarer Erde mit sich rissen. Die Agrotechnik wurde perfektioniert. In jeder der Plastikhallen wurde für jede Frucht das passende Mikroklima hergestellt. Nun ließen sich Tomaten fünfmal im Jahr ernten, Gurken, Bohnen und Zucchini, Spargel und Brokkoli ebenso wie Apfelsinen, Zitronen und Erdbeeren. Die Pflanzen kommen längst nicht mehr mit Erde in Berührung. Die Keimlinge werden in Fiberglasbeete gelegt, aus denen sie, computergestützt, die richtige Menge an Mineralien, Düngemitteln und Wasser aufnehmen. Die Provinz Almería ist ein futuristisches Plastikland geworden. Hochgezüchtetes Obst und Gemüse, natürlich Handelsklasse 1, häufig ein wenig fad, oft viel zu wässerig.

Wer hier geblieben war, kam schnell zu Wohlstand. Wer noch Land besaß, kehrte eilends zurück. Ein Tomatenkeimling, der im September in eines der Plastikgewächshäuser gesetzt wird, liefert zwischen November und Mai drei Ernten, das können nicht einmal die Holländer. Von hier stammen achtzig Prozent des exportierten spanischen Gemüses. Temperatur unter dem Plastik durchschnittlich fünfzig Grad. Und die Hitze vertragen anscheinend nur noch die Moros.

Im Januar 2001 wurden die Gesetze verschärft. Es gibt registrierte und nichtregistrierte Immigranten. Wer einen der «Sinpapeles» einstellt, muss mit Geldstrafen bis zu sechstausend Euro rechnen. Und die Sinpapeles selbst, die bislang nach zwei Jahren eine permanente Aufenthaltsgenehmigung bekommen konnten, müssen nun fünf Jahre warten. Paradox: Um bleiben zu dürfen, müssen sie nachweisen, dass sie fünf Jahre in Spanien gelebt haben, illegal. Dennoch beschäftigen die Bauern in Almería die Moros – etwa fünfundzwanzigtausend registrierte und ebenso viele nichtregistrierte. Die Rechnung der Bauern ist einfach: «Pro Hektar kannst du hundertfünfzig Tonnen Tomaten ernten, und pro Hektar brauchst du einen Moro.»

Die Situation ist angespannt. Im Februar 2000 kam es zu

Gewaltausbrüchen. In El Ejido, fünfzehn Kilometer vom Meer entfernt, einst ein halbverfallenes Nest, heute eine Stadt mit fünfundfünfzigtausend Einwohnern, erstach ein Marokkaner eine Spanierin. Anscheinend war der Mann geisteskrank. Nach der Tat machten die Spanier Jagd auf die Moros. Sie zerstörten ihre Hütten. Sie plünderten ihre kleinen Geschäfte. Sie zerschlugen Autos, legten Feuer, alles unter den Augen der Polizei, die keinen Grund sah, einzuschreiten. Tausende Marokkaner rannten fort und versteckten sich in den Bergen. Darauf errichteten die Spanier Straßensperren, um zu verhindern, dass noch mehr Marokkaner dem Kessel von El Ejido entkamen. Die Waffe der Verbliebenen war der Streik. Nahezu alle marokkanischen Landarbeiter legten die Arbeit nieder. Für die spanischen Bauern, die sich selbst längst als «Agricultores», Landwirte im Sinne von Unternehmer, sahen, war dies eine Sprache, die sie verstanden. Zehn Tage nach Beginn der Treibjagd schlossen der Bauernverband, die Gewerkschaften, Immigrantenorganisationen und die Bevollmächtigten der verschiedenen staatlichen Organe eine Übereinkunft. Den Immigranten, die durch die Übergriffe obdachlos geworden waren, sollten Notunterkünfte gestellt werden, jene, denen Autos oder Geschäfte zerstört worden waren, sollten entschädigt werden. Die Moros gingen daraufhin wieder an die Arbeit im Plastikland.

Doch jetzt tauchten spanische und internationale Fernsehteams in El Ejido auf. Und so sahen die Europäer für einen Moment lang, wie jene leben, die für sie das ganze Jahr über frische Tomaten ernten, wie sie in Hütten aus Pappkartons und Plastikresten, verfallenen Ställen ohne Wasser, ohne Strom, ohne Möbel hausen. Aus den Versprechungen wurde nichts. Denn der Bürgermeister der Stadt, Juan Enciso, hat beharrlich jegliche Zusammenarbeit mit den Unterzeichnern des Abkommens verweigert. Er gab kein kommunales Land für den Bau der zugesagten Unterkünfte frei. Es floss kein Entschädigungsgeld aus seiner Kasse. Die Regierung in Madrid, die einige Wohncontainer bereitgestellt hatte, ließ diese schließlich auf den Feldern der Landwirte aufstellen. So änderte sich für viele der damals im Plastikland schuftenden Marokkaner nichts, außer dass sie nun nicht mehr in Pappkartons, sondern in Blechkisten wohnten. Bei der nächsten Wahl feierte Enciso einen großen Erfolg. Seine Volkspartei erhielt vierundsechzig Prozent. Seine Botschaft war angekommen. Er wollte die «Kolonialisierung» seiner Stadt durch die Nordafrikaner verhindern. «Schuld an den Ausschreitungen», hatte er immer gepredigt, «waren nur jene, die den Immigranten immerzu von ihren Rechten erzählen.»

Die Reporter-Teams in El Ejido hatten aber noch etwas anderes herausgefunden. Es lebt dort eine Gruppe von Menschen, die auf der sozialen Leiter noch unter den Moros steht: Prostituierte. Wenn die Marokkaner etwas Geld übrig haben – das meiste schicken sie nach Hause –, dann geben sie es für käufliche Liebe aus. Die meisten Prostituierten stammen im übrigen aus Osteuropa.

Einer der wenigen, der den Illegalen hilft, ist Papa Isidoro. An der Hafenstraße von Algeciras betreibt der Franziskaner vom Orden des Weißen Kreuzes in einem blitzblank geputzten Haus ein Beratungszentrum mit angeschlossener Ambulanz. Isidoro kennt die Immigranten und ihre Probleme wie kaum ein Zweiter. Er redet schnell, voller Witz, bei ihm fühlt man sich gut aufgehoben. Aber er überrascht auch. «Wenn die Immigranten erst einmal in Spanien sind», schmunzelt er, «dann finden sie meistens einen Weg heraus aus ihren Problemen.» Man staunt, bis man merkt, dass Isidoro, ganz unbescheiden, meint: wenn sie sich erst einmal an ihn gewendet haben.

Isidoro geht für sie zur Western Union, wo er telegrafische Geldanweisungen für die Papierlosen aufgibt oder für neu Ankommende annimmt, damit diese ihre Namen nicht preisgeben müssen. Jeder, der an seinem Haus am Paseo de la Conferenzia 7 anklopft, wird medizinisch behandelt, bekommt saubere Kleider. Viele tauchen hier auf, die nichts besitzen außer den Fetzen, die sie am Leib tragen. Aber wenn der Franziskaner sagt, die Probleme seien mit der Ankunft so gut wie gelöst, dann verweist er zugleich auf die Tatsache, dass auch von Südspanien die meisten weiterreisen, die Marokkaner überwiegend nach Frankreich. Und: «Nahezu jeder, der hier ankommt», weiß der Pater aus Erfahrung, «hat eine Anlaufstelle, weiß von jemandem, der ihm weiterhelfen kann.»

Auch Spanien hat im Sinne des Schengen-Vertrags ein Abkommen geschlossen, das eine Abschiebung illegal eingereister Ausländer erleichtert. Marokkaner können demnach sofort in ihre Heimat zurückgeschickt werden. Selbst mit Nigeria wurde eine Art «Pilotprojekt» zur Rücksendung vereinbart. Es werden jedoch von Spanien nur äußerst selten Schwarzafrikaner zurückgeschickt. Und auch mit den Marokkanern tun sich die spanischen Behörden nicht leicht. Das Verhältnis zwischen den beiden Staaten ist häufig angespannt. Notorische Streitigkeiten über Fischereirechte führen immer wieder zur gegenseitigen Beschlagnahmung von Fischerbooten.

Das nordafrikanische Königreich hat, trotz gegenteiliger Verlautbarungen, keine Hemmungen, seine Probleme mit Armut und Massenarbeitslosigkeit dem reichen Europa aufzuhalsen. Im Spätsommer 2001 kam es zu einem typischen Eklat. Wegen der neuen Welle illegaler Immigranten bestellte der damalige spanische Außenminister Josep Piqué den marokkanischen Botschafter Abdesalam Baraka zu sich. Dieser schickte aber nur seinen Stellvertreter – und der kam auch noch fünfundzwanzig Minuten zu spät. Das Gespräch endete ohne Ergebnis.

Dramatisch wurde die Situation im Juli 2002, als Marokkaner die Isla del Perejil, die Petersilieninsel, nahe Ceuta in der Straße von Gibralter besetzten und die Spanier alles daransetzten, den sonst menschenleeren Felsbrocken unter Einsatz der Marine und einer Spezialeinheit schnellstens von den «Invasoren» zu räumen.

Dass sich die Lage zuspitzen würde, dass sich solch ein gefährlicher Zwischenfall schon viel früher hätte ereignen können, war abzusehen. Nach jenem absurden Austausch von leeren Phrasen im Sommer 2001 im spanischen Außenministerium ließ, nur einen Tag später, das marokkanische Außenministerium verlauten: «Spanien vereinfacht ein komplexes Problem.» Das stimmte sogar. Und es wartete mit einigen imposanten Zahlen auf: Marokko habe, so hieß es, zwischen Januar 2000 und August 2001 mehr als 35 000 Personen interniert, die sich auf den Weg nach Europa gemacht hätten: 20 000 eigene Staatsbürger seien vom illegalen Grenzübertritt abgehalten worden; 15 000 Asiaten und Afrikaner anderer Nationalität seien des Landes verwiesen worden.

Danach ergriff der marokkanische König selbst das Wort. Er gab dem französischen *Figaro* ein seltenes Interview. Gegenüber den Journalisten aus Paris erhob Mohammed VI. eine merkwürdige Anklage: «Spanische Mafia-Banden» seien die eigentlichen Übeltäter. Sie seien reicher als jene in Marokko. Schiffe, die schneller seien als die seiner Marine, würden in Spanien verkauft werden, nicht in Marokko!

Nur fünfunddreißig Minuten dauert die Fahrt mit der Jet-Fähre von Tarifa nach Tanger. Im Herbst und Winter ist mühelos ein Platz zu haben. In den Sommermonaten jedoch bilden sich lange Warteschlagen vor der Pier. So groß ist der Andrang, dass schon weit vor Tarifa, etliche Kilometer außerhalb, Felder zu Parkplätzen umfunktioniert werden. Hier sollen die Fahrgäste warten, bis es Zeit ist, an Bord ihrer Fähre zu gehen. Die Wagen, die sich auf diesen Parkplätzen einreihen, lassen leicht erkennen, woher ihre Besitzer kommen, wohin sie fahren wollen. Es sind keine französischen Urlauber, keine europäischen Touristen, die für ein paar Tage den Maghreb besuchen. Es sind Marokkaner, die den Sommer zu Hause verbringen, Marokkaner, die es offenkundig in Europa zu ein wenig Wohlstand gebracht haben. Nummernschilder aus Frankreich deuten darauf hin, Dachgepäckträger, beladen mit Koffern und Hausrat. Auf der anderen Seite des Estrecho fragt niemand, was sie an Waren mit sich führen. Die Devisenbringer sind in der eigenen Heimat hochwillkommen. Sobald sie von der Fähre runter sind, brausen sie davon, in irgendein Dorf im Atlas oder in der Sahara, wo sie die neuen Reichen sind. Die Botschaft, die sie vermitteln, lautet: Die Reise nach Europa lohnt.

Wer den Berg hinauf in die Kasbah von Tanger geht, stößt mit der Nase auf kleine Hotels mit bezeichnenden Namen: «Málaga», «Hollande», «Paris». Schwarzafrikaner stehen davor, andere lungern in den winzigen Zimmern herum und warten auf ihre Chance. ■

Schwester Lea

■ Das Beratungszentrum von Papa Isidoro an der Hafenstraße von Algeciras steht jedem offen. Jedem Menschen in
Not. Und doch: Wenn die Rede auf die «gefallenen Frauen»
kommt, jene Menschen also, die auf der untersten Stufe der
«Sinpapeles» stehen, dann scheut auch Papa Isidoro zurück.
Bei allem Verständnis, das die katholische Kirche für die
Flüchtlinge aufbringt, mit den Prostituierten tut sie sich
schwer. Im ganzen Mittelmeerraum gibt es, abgesehen von
ein paar kleinen Selbsthilfeorganisationen, nur eine Instanz,
ein von den Vereinten Nationen gefördertes Frauenhaus, ausgerechnet im mazedonischen Skopje, also gewissermaßen direkt auf der Kreuzung der Schlepperrouten über den Balkan,
die sich ganz der Hilfe der zur Prostitution Gezwungenen
widmet. Die einzige westeuropäische Organisation, die ein
umfassendes Hilfsangebot für die Frauen bietet, findet sich
in Deutschland, die Organisation «Solidarity with Women in
Distress» (Solidarität mit Frauen Not), kurz: SOLWODI.

Der eingetragene Verein SOLWODI wurde 1985 von
Schwester Lea Ackermann in Kenia gegründet. Damals lebte
sie selbst in Kenia, und in der grassierenden Prostitution in
Mombasa erkannte sie ein «Hauptproblem» der ganzen Region. Bangkok, Manila und Mombasa – das lag für sie auf

einer Linie. Sie sah, dass Kenia – mit seinen wunderschönen Sandstränden und den Korallenbänken – wie Thailand und die Philippinen auch ein Traumland für Sextouristen war. Sie sah, wie amerikanische, britische und französische Soldaten und Seeleute willkommen geheißen wurden. Die Zeitungen kündigten den Besuch eines Kriegsschiffes schon Tage vorher an, um Frauen aus dem ganzen Land, ja, sogar aus dem Ausland zu mobilisieren, in die Hauptstadt zu kommen.

So auch am 9. September 1985, als der amerikanische Flugzeugträger *Kitty Hawk* mit elftausend Seeleuten an Bord in Mombasa anlegte. Die Kioske waren plötzlich voll mit neuen Waren. Die Hotels verdoppelten die Zimmerpreise. Lediglich die Polizei schien sich auszuruhen. Eigentlich hätte sie auf Streife sein müssen. Denn es galt damals ein Sondergesetz, das Schlendern zum Zweck der Prostitution verbot. Aber die Polizei war nicht interessiert daran, präventiv zu wirken. Sie wollte hinterher einschreiten – um sich am Geschäft zu beteiligen. Die Ordnungshüter waren darauf aus, den Frauen den Lohn für die Liebesdienste abzunehmen. Das passiert heute noch, nicht nur in Kenia, auch auf Kuba, in Brasilien, in den osteuropäischen Ländern, auf dem Balkan, überall, wo es Sextourismus gibt. Und überall, wo die Ordnungshüter abkassieren, betätigt sich der Staat als Zuhälter.

Lea Ackermann selbst sagt das nicht so direkt. Aber sie berichtet von Omara Emma, einundzwanzig Jahre alt, sehr hübsch. Sie verdingte sich als Prostituierte. Als die Seeleute der *Kitty Hawk* abgezogen waren, veranstaltete die Polizei Razzien in den drei größten Hotels der Stadt. Die Hotels haben allesamt Straßencafés. Alle afrikanischen Frauen, die nur an den Tischen dieser Cafés saßen, wurden verhaftet. Emma war eine von ihnen. Sie sollte tausend Kenianische Shilling Strafe zahlen, damals entsprach das etwa fünfundsiebzig Euro, etwa das Doppelte von dem, was eine Hausangestellte verdient. Begründung: Sie habe ja auch viel an den Amerikanern verdient.

Da Emma aber nicht bereit war zu zahlen, wurde sie erst einmal eingesperrt. Es gab nichts zu essen, nichts zu trinken. Die Frauen durften nur stehen. Auch in der Nacht. Nach zwei Tagen gab Emma auf. Die reguläre Strafe für das ungesetzliche Schlendern wäre niedriger gewesen: sechshundert Shilling. Und eigentlich musste eine Frau auf frischer Tat ertappt werden, es musste ihr nachgewiesen werden – was so nicht nachzuweisen ist –, dass sie schlenderte zum Zweck der Prostitution. Auch in dieser Hinsicht hat sich weltweit wenig geändert. Mit einem ähnlichen Gummiparagrafen verbietet es zum Beispiel Kuba seinen Bürgerinnen, sich ausländischen Touristen zu nähern. Wenn sie es doch tun, schreiten die Polizisten aber noch längst nicht ein. Sie lauern darauf, dass der Tourist die Frau bezahlt – um sich dann wie die Aasgeier auf sie zu stürzen und das Geld zu konfiszieren.

Emma ernährte damals nicht nur sich und ihren dreijährigen Sohn, sondern auch ihren jüngeren Bruder. Das Kind hatte sie von einem deutschen Touristen bekommen, womöglich war er Emmas erster Freier. Sie hatte – zu der Zeit war sie erst siebzehn – gehofft, er werde sie mit nach Deutschland nehmen. Es war Emmas Fall, der Schwester Ackermann dazu brachte, SOLWODI zu gründen.

Ein zentrales Anliegen des Vereins ist sein Reintegrationsprogramm für Frauen, die in ihrer Heimat wieder Fuß zu fassen versuchen. Es ist an bestimmte Bedingungen geknüpft: Eine Frau, die es in Anspruch nehmen will, muss etwa ein Jahr in Deutschland gelebt haben. Sie muss den Wunsch und den Willen haben, sich in ihrem Heimatland selbständig zu machen. Sie muss SOLWODI für die Dauer von drei Jahren über ihr Projekt in die Selbständigkeit sowie über ihre persönliche Situation berichten. Sie muss außerdem einen Kurs in Buchhaltung absolvieren. Das Ganze läuft in enger Zusammenarbeit mit einer lokalen «Non-Governmental Organization» (NGO), also einer regierungsunabhängigen Hilfsorganisation, die zusammen mit der Frau das Projekt in die Selbständigkeit plant und deren Weisungen die Frau zu befolgen hat. Siebzig Prozent der Darlehenssumme, ohne Zinsen, sind an die NGO innerhalb von sechs Jahren zurückzuzahlen.

Die NGO stellt ihrerseits ein Bankkonto für die Überweisung des Darlehens zur Verfügung

Sie verpflichtet sich, die gesamte Summe im Projektverlauf an die Frau auszuzahlen.

Auch SOLWODI geht Verpflichtungen ein. Der Verein berät und betreut die Frauen in Deutschland. Er stellt den Kontakt mit geeigneten NGOs im Heimatland her. SOLWODI gewährt das Darlehen von maximal 7500 Euro, wenn eine korrekte Projektplanung vorliegt und sowohl die Rückkehrerin als auch die NGO bereit sind, sich an die Vertragsbedingungen zu halten.

SOLWODI zahlt den Buchhaltungskurs und übernimmt sämtliche Verwaltungskosten, die sie an die NGO zu zahlen hat.

Aber damit erschöpfen sich nicht die Aktivitäten der Frauenorganisation. 2001 gründete SOLWODI in Kenia einen neuen Verein: SOLGIDI – «Solidarity with girls in distress» (Solidarität mit Mädchen in Not). Ihr Ziel ist es, Töchtern von Prostituierten den Schulbesuch zu ermöglichen. Die Erfahrung zeigt, dass Frauen in der Prostitution alles daransetzen, um wenigstens ihre Söhne zur Schule zu schicken, aber für die Mädchen wird das Geld nicht aufgebracht. Für Schwester Lea war klar, dass damit der Weg für die Mädchen vorgezeichnet ist. Sie sind die Prostituierten von morgen.

Heute kümmert sich die Leiterin von SOLGIDI, Agnes Mailu, um vierhundert Kinder, fünfundsiebzig Kindern kann sie das Schulgeld zahlen, und dank der Hilfe von Bruder Frank, einem amerikanischen Mill-Hill-Bruder, kann sie für alle «ihre» Kinder eine Mahlzeit am Tag organisieren.

Ein neues Problem ist durch Aids entstanden. Viele Kinder haben ihre Mütter durch die Krankheit verloren. Nun versorgen die älteren Schwestern, «Guardians» genannt, die Geschwister. Oft sind diese Mädchen noch sehr jung. Zweimal im Monat werden an Wochenenden Kurse organisiert, um Mütter und Guardians bei ihren Erziehungsaufgaben zu unterstützen. ■

Die Küste des Todes

■ Manche sind schon ein Jahr und länger unterwegs, haben eine Reise von weit über tausend Kilometern hinter sich, von der sie große Teile zu Fuß gelaufen sind. Ein junger Nigerianer in einem der Hotels in Tanger erzählt uns, wie er nach einem halben Jahr der Wanderschaft mit einigen anderen an die Grenze von Mali und Mauretanien kam. Sie hatten nur noch wenig Wasser bei sich. Ein Mann hatte bereits alles ausgetrunken. Er bettelte die anderen an, sie möchten ihm etwas abgeben. Sie ignorierten sein Gebettel. Hätten sie geteilt, sagt der Nigerianer, dann wären sie selbst verdurstet. Der Unglückliche fiel zurück. Er muss im Saharasand verdurstet sein. Der Nigerianer und die anderen erreichten die nächste Oase, bevor ihre Vorräte ganz aufgebraucht waren.

Es gibt auch Bessergestellte unter denen, die in den Hotels auf Nachricht der Schlepper warten, die Nachricht, dass die Überquerung des Estrecho unmittelbar bevorsteht. Ein Ghanaer, ein Arzt, konnte es sich leisten, nach Tanger zu fliegen. Offenkundig hat er auch keine Schwierigkeiten, die tausend Dollar für die Überfahrt auf einem der Zodiacs aufzubringen. Er hofft, dass es bald losgeht. Er glaubt, er werde schnell in Spanien eine Arbeitserlaubnis bekommen, in seinem Beruf arbeiten können.

Die Schwarzafrikaner verlassen die kleinen Hotels so selten wie möglich. Sie fürchten, von der Polizei festgenommen zu werden. Sie sagen, es sei zu unsicher, in der Stadt herumzulaufen. Wenn sie aber in den Hotels einigermaßen sicher vor dem Zugriff sind, dann gibt es nur eine Erklärung: Die Hoteliers zahlen eine Art Schutzgeld an die Polizisten, und die wiederum dürften einen außerhalb der Hotels Festgenommenen schnell wieder laufen lassen, wenn er sich ihnen erkenntlich zeigt. Wenn die Sûreté wirklich durchgreifen wollte, könnte sie es. Jeder weiß, dass die Senegalesen, die Ghanaer und Nigerianer in den heruntergekommenen Absteigen auf dem Transit nach Europa sind.

Ariel Hauptmeier hat in der *Zeit* vom 30. Oktober 2003 die qualvolle Reise einer Nigerianerin beschrieben, die in einer dieser Pensionen gewartet hatte, bis es ihr gelang, den Estrecho zu kreuzen. Sie hatte stets ein Bündel parat mit ihren Habseligkeiten: eine saubere Bluse, eine Hose, Unterwäsche, eine Liste mit Telefonnummern und einen Zwanzig-Euro-Schein. Alles war ordentlich in einer Plastiktüte verpackt, mit Klebeband versiegelt, gegen das Wasser. Sie nannte sich Patricia Omorigie, und sie wollte nach Deutschland. In Lagos hatte sie ein Friseurgeschäft besessen, eine Bretterbude in einer langen Reihe von Bretterbuden. Sie war das fünfte von neun Kindern eines Lehrers und einer Gemüsehändlerin. Sie ging nur ein Jahr auf die Schule, da ihr Vater früh verstarb. Ihre Mutter hatte einen Unfall erlitten, und Patricia musste im Haushalt helfen, bis sie ihren Laden aufmachte.

Sie hat Nigeria am 4. Januar 2001 verlassen, mit dem Bus ist sie in die Elfenbeinküste gefahren. Dort sollte sie ein gefälschtes Visum für Deutschland und einen Flug nach London bekommen. Ein angeblicher Schlepper nahm ihr dafür viertausend Euro ab und verschwand, ohne ihr Visum oder

Ticket auszuhändigen. So fuhr sie über Mali durch die algerische Wüste in Richtung Marokko in einer Gruppe von vierzig Leuten in zwei Jeeps. Irgendwo im Erg Chech machten sich die Jeepfahrer ohne ihre Passagiere eines Morgens auf und davon. Zu Fuß erreichte Patricia mit sieben anderen Reggane im Süden Algeriens. Wieder zu Fuß und auf Lastwagen gelangte sie schließlich nach Tanger. Ein halbes Jahr wartete sie dort auf eine Überfahrt. Sie wurde festgenommen, bevor es so weit war, von den Marokkaner in einer großen Migranten-Gruppe mit dem Bus zur algerischen Grenze gefahren, wo die marokkanischen Polizisten sie mit Gewehrsalven über das Niemandsland scheuchten. Patricia hatte noch etwas Geld. Für hundert Dollar konnte sie wieder zurück nach Tanger fahren – in einem geschlossenen Lastwagen.

Dort wartete sie abermals. Aus ihrem Pensionszimmer heraus betrieb sie einen kleinen Kaufmannsladen. Eines Tages war es dann soweit. Sie wurden im Lkw zu einem Wald gefahren, liefen mehrere Stunden durch diesen hindurch bis zum Strand, dort warteten sie eine Woche, bis ein Schlauchboot aufkreuzte – und sie zehn Stunden später in Spanien absetzte. Das war achtzehn Monate nachdem Patricia Lagos verlassen hatte.

Sie wurde in Spanien sofort von der Guardia Civil festgenommen und in Abschiebehaft gesetzt. Aber sie war auf ihrer Odyssee schwanger geworden, erlitt im Gefängnis eine Fehlgeburt, kam in eine Klinik, aus der sie fliehen konnte. In Madrid stellte sie einen Asylantrag, bekam eine Duldung für zwei Monate. Das gab ihr Hoffnung, es bald nach Deutschland zu schaffen.

Am Stadtrand von Tanger findet sich ein Geschäft, das Zodiacs verkauft. Neben den Schlauchbooten wird jede Menge Seil angeboten. Wozu das viele Seil? «Damit die Neger nicht über Bord springen», erklärt uns der Verkäufer, ohne mit der Wimper zu zucken, «sie sind nun mal ziemlich nervös.» Und dann gibt es da am Strand dieses Café, das – man traut seinen Augen kaum – den Namen «Schengen» trägt.

Eine gute Stunde fährt man mit dem Taxi von Tanger über die Königsstadt Tetuan nach Ceuta. Die spanische Enklave ist am Perímetro, der halbkreisförmigen Grenze zu Marokko, eingezäunt. Es ist ein Doppelzaun, gut vier Meter hoch, gekrönt von Stacheldraht. Zwischen den beiden Zäunen verläuft eine Betonpiste. Sie ist nachts hell erleuchtet, und selbstverständlich wird sie mit Videokameras überwacht. Sie ist breit genug für die Patrouillenfahrzeuge der Guardia Civil. In dem Moment, wo sich jemand am Zaun zu schaffen macht, fahren sie los. Aber es nutzt alles nichts. «Die Clandestinos schneiden den Zaun in zwei Minuten durch», verrät ein Sprecher der Guardia Civil, «so schnell kommen wir gar nicht hin.»

Alle behaupten, aus Ländern zu kommen, mit denen es keine Abschieberegelungen gibt. Nigerianer werden zu Ghanaern, Marokkaner zu Algeriern – auf der Flucht vor den Massakern im Nachbarstaat. Wer sich registrieren lässt, wird gut behandelt. Auch hier zeigt sich, dass sich die Guardia Civil, ähnlich wie ihre Kollegen in Italien, beim Helfen wohler fühlt als bei den gefährlichen und meist erfolglosen Bemühungen, die Immigranten von der Einreise abzuhalten.

Bis zu drei Monate lang dürfen sich die Registrierten in dem Auffanglager in Ceuta aufhalten. Sie dürfen es verlassen, sich in der Stadt frei bewegen. Denn an den Fähranlegern werden die Pässe kontrolliert. Und, da sind sich die spanischen Behörden einigermaßen sicher, an den Kontrollen kommt keiner so leicht vorbei. Roberto Franca im Büro der Zentralverwaltung von Ceuta, gewissermaßen dem Amt des Präfekten, erklärt, wie es dann weitergeht. «Danach wird ihnen ein ‹Expediente de Expulsión› ausgestellt», erläutert er mit süffisantem Unterton, «das bedeutet, dass sie das Land binnen vierzig Tagen zu verlassen haben. Darauf warten die Leute nur. Mit diesem Ausweisungsbescheid haben sie reichlich Zeit, die Fähre nach Algeciras zu nehmen, gleich drüben auf der Iberischen Halbinsel irgendwo unterzutauchen oder zu ihrem eigentlichen Ziel anderswo in Europa weiterzureisen.»

Marokkos Botschafter in Madrid, Abdesalam Baraka, war während der diplomatischen Krise zwischen den beiden Ländern, die seit dem Sommer 2001 schwelte, von Rabat zurückgezogen worden. Im Februar 2003 kehrte er nach Madrid zurück. Im Oktober 2003 hätte er beinahe vor Wut freiwillig seinen Posten geräumt. Am 25. des Monats war in einem schweren Sturm ein mit mehr als fünfzig Immigranten beladenes Zodiac-Boot vor der spanischen Stadt Rota gesunken. Die Leichen von sechsunddreißig Menschen konnten geborgen werden. Rota liegt weit nördlich von Tarifa, ein Zeichen dafür, dass die Überwachung mit Radar und Nachtsichtgeräten insofern Wirkung zeigt, als die Schlepper immer längere, gefährlichere Routen wählen.

Eine Wirkung, die auch seit einigen Jahren auf den Kanarischen Inseln zu spüren ist. Die spanische Zeitung *Canarias* veröffentlichte im August 2003 Bilder, die man bis dahin dem deutschen Publikum nicht zumuten mochte. «La costa de la muerte», lautete die Schlagzeile – die Küste des Todes. Die Fotos zeigten die Leichen von zehn Schwarzafrikanern. Einige von ihnen wurden von Tauchern der Guardia

Civil aus tiefem Wasser gezogen. Andere wurden im flachen Küstengewässer vor der Ferieninsel Fuerteventura geborgen. Innerhalb von achtundvierzig Stunden griff die Guardia Civil damals hundertdreiundfünfzig illegale Immigraten an den Stränden von Fuerteventura und der benachbarten Vulkaninsel Lanzarote auf. Die Fremden waren auf winzigen Holzschiffen aus Marokko gekommen, mehr als hundert Kilometer über den Atlantik hatten sie zurückgelegt. Die zehn, die später tot geborgen wurden, hatten es fast geschafft. Aber ihr Boot zerschellte in einer windstillen Nacht bei Flut an den scharfkantigen Felsen vor den Inseln. Die Insassen konnten nicht schwimmen. Als die Ebbe kam, waren sie längst ertrunken. Seit Beginn des Jahres 2002 hatten die spanischen Behörden auf den Kanarischen Inseln fast vierzehntausend «Sinpapeles» aufgegriffen. Von Januar 2002 bis August 2003 wurden achtundsiebzig Leichen geborgen. Wie viele Menschen in den von den Passatwinden aufgepeitschten Wellen tatsächlich starben, weiß auch hier niemand. Der Umweg über die Kanaren gilt seit Jahren als vermeintlich sichere Alternative zur Passage über die Straße von Gibraltar.

Die sechsunddreißig Toten von Rota waren bis zur Unkenntlichkeit verstümmelt. Sie waren tagelang vor der spanischen Küste herumgetrieben. Die schwere See, hieß es, hielt die Behörden davon ab, sie früher zu bergen. Angehörige in Marokko und ein Mitglied einer marokkanischen Hilfsorganisation baten bei einem Treffen mit spanischen Regierungsvertretern die Spanier um Hilfe und forderten Visa für die Zeit, die es brauchte, um die Toten zweifelsfrei zu identifizieren und in die Heimat zu überführen. Zwei der Angehörigen hatten ihren genetischen Fingerabdruck gegeben. Die Delegation bat den spanischen Konsul, nach Marokko zu kommen, wenn nicht hierher, dann wenigstens nach Ceuta, um dort DNS-Proben von weiteren Angehörigen abzuholen.

Tags darauf platzte Botschafter Baraka der Kragen. «Es ist unverantwortlich», sagte er in einer Pressekonferenz, «dass jedes Mal, wenn es zu einer der üblichen Differenzen zwischen unseren beiden Ländern kommt, die spanischen Medien ihre Türen öffnen für Pseudo-Intellektuelle und Politiker, die meinen, die Ressentiments gegen die Moros weiter verstärken zu müssen.»

Baraka bezog sich auf Dutzende von Kommentaren, die allesamt den Marokkanern die Schuld an der Tragödie gaben. Allen voran Innenminister Angel Acebes hatte von dem südlichen Nachbarn «mehr Kooperation» gefordert.

Zu einer solchen wird es so leicht nicht kommen. Baraka erklärte das Rücknahme-Abkommen von 1992 für «überholt»: «Wir können nicht die Verantwortung für die halbe Menschheit übernehmen, die durch unser Land zieht – Algerier, Menschen aus dem Süden der Sahara, Asiaten und Ecuadorianer, jetzt, da Spanien auch von ihnen Visa verlangt.»

Die kleine Delegation der Angehörigen von Rota hatte geringere Sorgen. Sie bat darum, dass wenigstens das Gesetz geändert werde, nach dem Immigranten auf spanischem Boden beerdigt werden müssen, falls ihre Angehörigen die sterblichen Überreste nicht binnen sechs Tagen zurückgeführt hatten. Sie wollten wenigstens fünfundvierzig Tage Zeit haben.

Die Toten von Rota sollten nicht auf dem abgezäunten Teil im Patio 2 ihre letzte Ruhestätte finden. ■

Natalja aus Lemberg

■ Sie trägt ein schlichtes Kleid aus blauem Jeansstoff. Ihre Haare sind kurz geschnitten zu einer, wie man sagt, «praktischen» Frisur. Ihre Halskette ist aus dünnem, billigem Gold, wie man es aus dem Südosten Europas kennt. Ein Ring am Finger aber ist aus dem massiveren Weißgold, das in Westeuropa bevorzugt wird. Sie lacht nicht, sie lächelt nicht. Ihre Augen blicken nicht einmal traurig. Sie sind einfach leer.

Wenn sie ihre Leidensgeschichte erzählt, spricht sie mit fester Stimme, ohne zu stocken, nicht zu leise, nicht zu laut, aber doch so, als handele es sich nicht um sie selber, sondern um eine andere, eine fremde Frau, über die sie zufällig gut Bescheid weiß. Dass ihr der Blick zurück unendliche Qualen bereitet, ist nicht zu übersehen. Sie raucht eine Zigarette nach der anderen. Sie zögert, erzählt lieber ausgiebig über Kindheit und Jugend, über ihre Heimat, über ihre Söhne – bis sie zum eigentlichen Thema kommt, zu ihrem «Fall». Sie wünschte, sie würde die Erinnerung loswerden können. Aber das geht nicht. Viele Male am Tag wäscht sie sich die Hände. Am liebsten würde sie ständig duschen oder baden. Aber es hilft nichts. Sie fühlt sich auch danach noch schmutzig. «Ich bin ja selbst an allem schuld», sagt sie.

Sie nennt sich Natalja. Sie sagt, sie stamme aus dem ukrainischen Ort Ternopil, nahe der Großstadt Lviv, dem vormaligen Lemberg. Im Herbst des Jahres 2000 ist sie nach Deutschland gekommen – und hier in die Prostitution gezwungen worden.

Als sie nach Deutschland kam, war sie Ende Dreißig. Das ist ungewöhnlich. Die meisten Frauen, die hierher gelockt werden, sind um die Zwanzig, viele sind sogar noch minderjährig. Vor dem Zusammenbruch der Sowjetunion ging es Natalja gut. Sie war Leiterin einer Komsomolgruppe. Die Mitgliedschaft in der kommunistischen Jugendorganisation verschaffte ihr viele Vorteile. Sie hatte eine eigene Wohnung, zwei Zimmer, Küche, Bad und Balkon. Sie verfügte über ein eigenes Telefon.

Auch ihr Betrieb brachte ihr Privilegien. Ein militärischer Betrieb. Dort wurden Waffenkomponenten und Teile für das sowjetisch-amerikanische Raumfahrtprojekt Sojus-Apollo hergestellt. Alles war streng geheim. Die Elektroingenieurin mit einem Universitätsdiplom, damals Mutter erst eines Kindes, Tochter eines Taxifahrers und einer Richterin, gehörte zu denen, die zuerst bedacht wurden, wenn es im Sowjetsystem etwas zu verteilen gab. Ein Chauffeur brachte sie in einer Limousine zur Arbeit. Sie zweifelte nicht an den Anweisungen der Partei. Auch ihr Großvater war Mitglied, Chef der Kreisverwaltung, sie also in dritter Generation linientreu. Ihr Ehemann aber entpuppte sich als Alkoholiker, der lieber von ihrem Verdienst als von eigener Arbeit lebte. Natalja ließ sich von ihm scheiden. Vorher hatte sie noch ein Kind bekommen. Dennoch sagt sie: «Es war ein gutes Leben.» Bis 1993, zwei Jahre nach der Unabhängigkeit.

Der Streit mit Russland um den Besitz der Schwarzmeer-Flotte und die Häfen auf der Krim stürzte die Ukraine in eine schwere Wirtschaftskrise. Nataljas Firma schloss, wie die meisten Industriebetriebe in der westlichen Ukraine. Sie musste ihre Wohnung verkaufen, mit den Kindern zu ihren Eltern, dem inzwischen pensionierten Taxifahrer und der pensionierten Richterin, ziehen, deren Renten selten genug ausgezahlt wurden und die vollends verarmten, als 1996 die neue Währung Hryvnja eingeführt wurde. Natalja stellte sich auf den Markt, verkaufte Obst, Gemüse und andere Lebensmittel für einen Großhändler, der ihr drei Prozent vom Umsatz ließ. An guten Tagen verdiente sie fünf, sechs Hryvnja, das entspricht heute einem Euro. Und hier auf dem Markt begann die Tragödie der Natalja.

Eine Kundin war immer besonders freundlich zu ihr. Sie schien Natalja aufrichtig zu bedauern. Sie war gut gekleidet, konnte sich ohne weiteres das Kilo Bananen leisten, für das Natalja den Verdienst eines durchschnittlichen Tages hätte hinblättern müssen. Die Kundin war etwa gleichen Alters. Sie hatte zwei Töchter, eine schon fast erwachsene, eine noch junge. «Da stehst du hier in der prallen Sonne und im Winter in der eisigen Kälte», hat sie gesagt, «du, eine gut aussehende Frau, die Besseres gewohnt ist, und verkaufst Lebensmittel!»

Zur Zeit der Donaumonarchie war die Handelsmetropole Lemberg die viertgrößte Stadt des Habsburgerreiches – nach Wien, Budapest und Prag. Die meisten Einwohner waren Polen und Juden. Armenier, Deutsche, Russen und Ukrainer waren im Laufe vieler Jahrhunderte zugewandert. Nach dem Zerfall der Monarchie begannen unruhige Zeiten: Die Stadt wurde Teil der Westukrainischen Volksrepublik, dann Teil Polens, nach dem Einmarsch der Wehrmacht 1941 wurde Lemberg zur Hauptstadt des «Distrikts Galizien» im «deutschen Generalgouvernement». Die Sowjets, die Lemberg 1944 eroberten und fortan Lwow nannten, siedelten den größten Teil der polnischen Bevölkerung um. Nun kamen wieder Zuwanderer, diesmal aus allen Teilen der Sowjetunion. Die Einwohnerzahl verdreifachte sich auf knapp eine Million, um die Altstadt wurde der typische Industrie- und Plattenbaugürtel des Ostens gezogen. Für die Ukrainer blieb die Stadt so etwas wie das Zentrum der ukrainischen Nationalkultur, ihr Lviv.

Von Lviv nach Europa sind es siebzig Kilometer. So sagt man hier, obwohl die Ukraine selbstverständlich in Europa liegt. Europa bedeutet das Gebiet der EU, das reiche Europa, das für die hiesige Bevölkerung auch schon vor der EU-Erweiterung im siebzig Kilometer entfernten Polen begann.

Viele Tausende sind von hier nach «Europa» gegangen, zur Arbeit, Tausende legal, Zehntausende illegal. Auf den Baustellen an der portugiesischen Küste arbeiten Ukrainer, in den Bordellen der deutschen Hauptstadt Ukrainerinnen. Wer kann, schickt Geld nach Hause. An jeder Ecke trifft man auf eine Zweigstelle der Western Union, wo die Verwandten das Geld abholen können. Vor der EU-Erweiterung war der kleine Grenzverkehr nach Polen noch visumfrei. Ukrainische Händler belieferten die Märkte des Nachbarlandes mit Handwerkserzeugnissen und billigen Klamotten und die Nachtclubs mit vermeintlich willigen Mädchen. Nahezu jeder, der von Ost nach West reist, schmuggelt. Das war vor dem EU-Beitritt Polens so, das ist danach so geblieben. In das Futter der Jacken sind Plastikbehälter eingenäht, mit Wodka gefüllt. In Polen ist der Schnaps das Doppelte und Dreifache wert. Im deutschen Osten steigt der Preis noch einmal um ein Vielfaches. Das Gleiche gilt für die Ware Mensch: Frauen, die hier Sex für fünfzig Hryvnja, weniger als zehn Euro, anbieten, verlangen in Polen für die gleichen Dienste zweihundert Złoty, knapp fünfzig Euro, und in Deutschland hundert Euro und mehr. Für die Zuhälter, die Frauen über die Grenzen schmuggeln, ist es eine einfache Rechnung und ein glänzendes Geschäft. Viele der verkauften Frauen sind aus der Ukraine. Es sind Sexindustrie und Menschenhandel, die hier für wachsenden Wohlstand sorgen.

In der Hauptstadt Kiew ebenso wie im Zentrum von Lviv – überall sind die Zeichen dieser Entwicklung zu sehen. Schon bei der Einreise wird man mit der Nase drauf gestoßen. Das Einreiseformular ist mit bunter Werbung bedruckt. Darunter eine Anzeige für den Nachtclub «River Palace». Er findet sich in einem umgebauten Dampfer auf dem Djnepr: Restaurant, Spielkasino und Diskothek. Ein livrierter Portier mit Schirmmütze im Stil der Roten Armee hilft dem Gast aus dem Taxi. In der Disko ist «Black and White Night». Wer einen Black Russian bestellt, erhält einen zweiten Drink, einen White Russian, gratis. Und wer schwarze und weiße Klamotten trägt, kommt kostenlos hinein.

Auf der Tanzfläche wiegen sich zwei, drei Dutzend Frauen, alle irgendwie schwarzweiß gekleidet, zu langsamen Rhythmen. Nur gelegentlich geht einer der wenigen männlichen Gäste, die offenkundig nichts von dem Schwarzweiß-Abend gewusst haben, auf die Tanzfläche. Wenn er mit einer der Frauen tanzt, bittet sie ihn alsbald um einen Drink. Sie bestellt sich ein Glas Krimsekt, sagt in gebrochenem Englisch, der Sekt sei so süß, dass nur sie, die Ukrainerinnen, ihn trinken können, der Herr solle doch etwas Schärferes zu sich nehmen – und fragt dann: «Do you need me tonight?»

Spielkasinos sind in der Ukraine so zahlreich, dass man sie nach ein paar Tagen kaum noch bemerkt. Auffällig aber ist ein schlossartiges Gebäude an der Umgehungsstraße von Ternopil auf dem Weg nach Lviv. Es ist umgeben von einer Mauer wie eine mittelalterliche Festung, mit Zinnen und Türmen. Das Schloss ist aus rohem Beton. Es ist nicht fertig gestellt worden. Und es sieht auch nicht so aus, als würde es je fertig gestellt werden. Hier sollte eine weitere Lustburg im üblichen Dreiklang Restaurant-Kasino-Disko entstehen. Auf welche Kundschaft hatte der Besitzer gehofft? Von ihm wird man es nicht mehr erfahren. Er ist tot, mit einem Kopfschuss umgebracht. Ein Mafia-Mord. Nun zerfällt die Burg ungenutzt – wie die Fabriken ringsum.

Die Mafia ist omnipräsent. Alles riecht nach Bandenkrieg. Wenn die Terrains noch nicht abgesteckt sind, wenn neue Mafia-Gruppen den alteingesessenen Clans einen Teil des Geschäfts entreißen wollen, kommt es zu brutalen Hinrichtungen. Außerhalb der Großstädte läuft das von der Mafia kontrollierte Geschäft mit den Frauen etwas diskreter ab. Auf dem Land gibt es keine Hochglanzbroschüren, die den Weg in die Nachtclubs weisen. Angelockt werden die Freier gleichwohl. In einem Café in einem kleinen Ort zwischen Lviv und Ternopil bedienen zwei hübsche Kellnerinnen. Die beiden würden auch anderweitig zur Verfügung stehen, bedeutet uns der Inhaber: «Für fünfzig Hryvnja.»

Dass er ein Zuhälter sei, darüber werde nie offen geredet, sagt eine junge Frau, die aus dem Ort stammt. Überhaupt werde nur hinter vorgehaltener Hand geflüstert, was die beiden Mädchen neben der Kellnerei sonst noch treiben. Aber besonders bei Volksfesten falle auf, dass sie regelrecht zu den Liebesdiensten abkommandiert würden. «Ein Wagen fährt vor», erzählt die junge Frau, eine Studentin, die aus Angst vor der Mafia ihren Namen nicht verrät, «eine der Kellnerinnen wird herangewinkt – und ab geht's.»

Lviv, die Stadt, aus deren Umkreis Natalja stammt, ist auch eine Art Wallfahrtsort. Katholiken wandeln auf den Spuren von Papst Johannes Paul II., der die Stadt im Juni 2001 mit seinem Besuch beehrte. Angehörige amerikanisch inspirierter Wiedererweckungssekten ziehen in kleinen Gruppen durch die Viertel. In größeren Gruppen stimmen abends ukrainische Nationalisten auf dem weitläufigen Platz der Freiheit Volkslieder an. Auffälliger aber ist eine andere Art von Pilgern: junge Frauen, manche allein, manche zu zweit, viele blondiert, alle mit hellen, halb durchsichtigen Sonnenbrillen. In engst anliegenden Hosen oder kürzesten Röcken stöckeln sie auf Schuhen mit waghalsig hohen Stilettoabsätzen über das Kopfsteinpflaster. Sie kommen wie Natalja aus den tristen Vorstädten, aus den sterbenden Dörfern und Orten in der Umgebung. Sie haben einen bestimmten Blick. Zunächst wirkt er abweisend. Das Kinn ist ein wenig vorgeschoben, die Lippen sind geschürzt, als wollten sie sagen: Verschwinde! Durch die getönten Brillengläser sagen die Augen etwas anderes: Komm her! Die Blicke gelten den Ausländern auf den Hotelterrassen, von denen jede Frau weiß, dass hier eine Übernachtung mehr kostet, als sie in einem Monat mit normaler Arbeit verdienen kann. Sie gelten aber auch den ukrainischen Männern, die auf Urlaub sind von der Arbeit in «Europa». Ihnen sitzt das im Westen verdiente Geld locker, schließlich ist es hier im Osten ungefähr zehnmal so viel wert.

Nachts sieht man die Schönheiten wieder. Man muss nur dem Klackern der Absätze folgen. Die ganz jungen gehen ins «Millennium», eine Disko mit Rockmusik und Heavy Metal, die dunkelhäutige Ausländer besser meiden, weil dort ukrainische Skinheads herrschen. Die Alternative zum «Millennium» heißt «San Remo», eine Nachtbar mit Karaoke, von Studentinnen bevorzugt, für Dunkelhäutige weniger riskant. Ein arabischer Geschäftsmann sagt über diese etwas biedere Bar: «Dort finde ich sofort eine, die mit mir geht.» Reifere und ängstlichere Herren bevorzugen den «Sofia Grand Club» mit Spielkasino, der Disko-Bar «Platinum», dem Tex-Mex-Restaurant «Alpaca», mit Billardraum, Swimmingpool und

Fitness-Center. Es gehört irgendwie zum Grand Hotel. Wer in dem restaurierten alten Hotel logiert, darf sich im Club kostenlos entspannen. Nur die Sonderleistungen werden separat in Rechnung gestellt: Spielchips, Speisen und Getränke. Auf der Spesenabrechnung ist – wie praktisch für den Dienstreisenden – kaum noch erkennbar, welche Leistung wie beglichen wurde. Nach Mitternacht, wenn die Show beginnt, sind alle Tische im «Platinum» besetzt – von den jungen Frauen aus den Vorstädten, die verzweifelt hoffen, dass ein auswärtiger Geschäftsmann mit ihnen anbändelt.

Auch in den Zeitungen ist das Geschäft mit dem Sex nicht zu übersehen. Ein Blick in das Anzeigenblatt *Wasch Magasin* («Euer Laden») zeigt das. Unter der Rubrik 934 – Stellenangebote für ungelernte Kräfte – fallen zahlreiche mit schwarzen Balken umrahmte Kleinanzeigen auf. «Arbeit für schöne Mädchen», heißt es da, «18–30 Jahre; bieten Top-Verdienstmöglichkeit, beste Arbeitsbedingungen.» Eine andere verspricht: «Agentur bietet hoch bezahlte Arbeit für schöne Mädchen. Arbeitszeit nach Vereinbarung. 100 Hryvnja pro Stunde. Agentur stellt Unterkunft.» Eine Handynummer des ukrainischen Netzanbieters «Kyivstar» ist angegeben.

Von einem öffentlichen Fernsprecher ruft unsere ukrainische Bekannte, die Studentin aus Lviv, zum Test die Nummer an: «Hallo, ich habe Ihre Anzeige ...»

Eine freundliche, aber ängstlich wirkende Frau unterbricht sogleich: «Ich kann nicht lange reden.»

«Warum nicht?»

«Ich kann nicht, ich kann nicht.»

Eine mögliche Erklärung: Hohe Handygebühren, so genannte Roaming Charges, fallen für die Angerufenen an, wenn sie sich im Ausland aufhalten. Es ist denkbar, dass die Frau, die sich meldet, sich gerade in Polen befindet oder in Deutschland, es gibt tägliche Non-Stop-Flüge zwischen Lviv und Frankfurt. Unsere Bekannte kommt also schnell zur Sache: «Ich bin Studentin, ich brauche dringend Geld. Ich nehme jede Arbeit an, Hauptsache, es gibt Geld.»

Die Frau am anderen Ende sagt: «Sie wissen, um was für eine Arbeit es sich handelt ...?»

«Ich ahne es, aber sagen Sie mir bitte mehr, gibt es Schutz gegen Krankheiten, Aids? Was ist damit?»

«Sie können Kondome benutzen.»

«Arbeite ich tags oder nachts?»

«Beides, nach Verabredung. Aber hören Sie, ich kann jetzt nicht sprechen. Kommen Sie heute Abend zum Schewtschenko-Denkmal.»

«Heute kann ich nicht.»

«Gut, dann morgen, um achtzehn Uhr. Wie erkenne ich Sie?»

«Ich trage einen Jeanshut und ein schwarzes T-Shirt, habe lange blonde Haare.»

«Gut, dann bis morgen.»

Frauen, die auf solche Angebote eingehen, wissen, dass sie sich auf Prostitution einlassen. Was sie aber nicht wissen können, ist, in welche Hände sie sich begeben.

Natalja vertraute sich seinerzeit ihrer mitfühlenden Kundin arglos an. Auf einem Spielplatz, wo sie sich mit ihren Kindern getroffen hatten, machte diese ein Angebot, das Natalja nur allzu verlockend erscheinen musste. «Geh doch nach Deutschland», riet ihr die Dame, «mein Mann lebt dort, er kann dir helfen, eine Arbeit zu finden, bei der Erntehilfe, als Krankenpflegerin – da suchen die händeringend Leute in Deutschland.» Die Dame zeigte sich großzügig. Sie besorgte Natalja in nur zwei Wochen einen Pass und eine Bahnfahrkarte nach Berlin. Siebenhundertfünfzig Mark sollte Natalja ihr dafür zahlen, nicht gleich, «erst wenn du es hast». Das Geld sei in Deutschland im Handumdrehen verdient: «Nach drei Monaten kommst du zurück zu deinen Kindern.» Allerdings ließ die Dame Natalja einen Schuldschein unterschreiben. Zehn Prozent Zinsen verlangte sie pro Monat. Sie sagte beruhigend: «Das hast du doch schnell abgezahlt, spätestens in einem Monat. In Deutschland verdient man so viel.»

Auch jetzt schöpfte Natalja keinen Verdacht. Es war ja nichts Ungewöhnliches, in Europa zu arbeiten. Sie kannte viele, die für ein paar Monate fortgegangen und wohlhabend zurückgekommen waren. Es wunderte sie auch nicht, dass die nette, hilfsbereite Frau die Adresse der Eltern notierte, bei denen Natalja ihre Kinder unterbringen würde.

Sie sollte sich in einen bestimmten Zug setzen, in drei Tagen, in dem der Schaffner sich um sie kümmern würde, sagte die Dame noch, nannte Natalja die genaue Abfahrtszeit und wünschte alles Gute.

Der Schaffner war tatsächlich informiert. Er brachte Natalja in einem Liegewagenabteil unter. Sie hatte kein Visum. Kein Problem an der polnischen Grenze, dort benötigten Ukrainer damals noch keines. Aber auch an der deutschen Grenze gab es keine Probleme. Der Schaffner instruierte sie genau. Beim letzten Halt in Polen, wo die deutschen und polnischen Grenzbeamten einsteigen, solle sie sich in dem Matratzensack über den weggeklappten Liegen verstecken. Sobald sie die deutschen Worte «Danke schön, gute Fahrt» gehört habe, solle sie herauskommen und sich wieder auf ihren Platz setzen, als sei nichts gewesen.

Mit Natalja befanden sich noch zwei Frauen und ein Mann im Abteil, alle ukrainische Staatsbürger. Der Schaffner konnte sicher sein, dass diese nichts verraten würden. Schließlich mussten sie damit rechnen, dass er sie wegen ihrer Schmuggelware hochgehen ließ, sollten sie die Grenzbeamten auf Nataljas Versteck aufmerksam machen.

Als sie schweißgebadet und mit zitternden Händen wieder auf ihrem Platz saß, kam aber doch noch ein deutscher Zöllner durch den Waggon. Er zeigte auf die Plastiktüte, in der sie ihr sämtliches Hab und Gut bei sich trug. Aber er gab sich nach einem kurzen Blick hinein zufrieden, ging weiter, ohne nach ihrem Pass zu fragen.

Gegen elf Uhr vormittags kam Natalja in Berlin an. Auf dem Bahnsteig wartete ein Mann, ein Türke, der sich Ali nannte. Sie erkannte ihn sogleich am Gipsarm, den er in einer blauen Binde trug. Ali brachte sie in ein Hotel. Eine billige Absteige, aber das Zimmer schien ihr luxuriös, ein frisch bezogenes Bett, eine eigene Dusche. Zum späten Frühstück kam der Ukrainer, der Mann ihrer Gönnerin. Natalja erkannte ihn von dem Foto, das ihr zu Hause gezeigt worden war. Sie hatte keine Angst.

Sie durfte ausschlafen. Am nächsten Tag fuhren Ali, dessen junge ukrainische Freundin, der Mann der Gönnerin und Natalja im Auto in eine westdeutsche Großstadt. Dort wurde sie in einer Einzimmerwohnung mit Küche und Bad im dritten Stock untergebracht. Sie wollte nun wissen, welche Arbeit man für sie gefunden habe. «Morgen reden wir», sagte ihr der Ukrainer. Er kam am nächsten Tag wieder, begleitet von Ali und seiner hübschen jungen Freundin. Und jetzt eröffnete er ihr, was sie zu tun habe: «Du wirst im Bordell arbeiten.» Natalja schrie, sie protestierte: «Nein, das geht nicht, ich kann das nicht, nie!»

Der Ukrainer blieb gelassen. Er schlug sie nicht. Er hielt sie nicht einmal fest. Er erklärte ihr wie einem unartigen Kind, was sie zu bedenken habe: «Du bist jetzt in Deutschland. Du weißt nicht einmal genau, wo. Dein Pass hat Geld gekostet. Du hast einen Schuldschein unterschrieben. Deine Fahrkarte hat Geld gekostet. Du hast zwei Kinder, Eltern, Geschwister. Meine Frau weiß, in welche Schule dein Kleiner geht. Alles kann passieren ... ein Autounfall. Er wird zum Krüppel. Oder er ist tot. Deine Eltern können Fotos von dir bekommen, Nacktfotos. Alles kann passieren ... Oder du arbeitest ein bisschen, zahlst deine Schulden ab – und fährst nach Hause.» Die Freundin des Türken warf noch ein: «Es ist gar nicht so schlimm, wie du denkst.»

Der Mann der netten Marktkundin verabschiedete sich mit den Worten: «Überleg es dir gut.»

Die junge Frau blieb nun bei Natalja. Zwei Brüder Alis kamen dazu. Sie saßen die ganze Nacht in der Küche.

Und Natalja dachte nach, sie schaute sich Alis Freundin genauer an, sah nun die blauen Flecken und Brandwunden an den Armen, erkannte, dass ihr büschelweise Haare fehlten. In der Küche lauerten die Aufpasser. Sie erwog, aus dem Fenster zu springen. Aber selbst wenn sie den Sturz überlebte, wenn sie es zur Polizei schaffte – sie hatte keinen Pass, kein Visum, sie würde im Gefängnis landen. Die Schande konnte sie ihren Kindern und ihren Eltern damit auch nicht ersparen.

Als am nächsten Tag, als der Ukrainer und Ali wiederkamen, sagte Natalja nur: «Ja.»

Eine Weile war Stille, dann schrie sie die beiden an: «Der liebe Gott weiß, was ihr tut, vergesst meine Worte nicht!»

Dann hüllte sie sich wieder in Schweigen. Ohne ein weiteres Wort trat sie ihren Dienst an. Wenn sie darüber spricht, benutzt sie das Wort «freiwillig»: «Ich hab es freiwillig getan.» Und: «Ich war selbst schuld.»

Auf dem Weg zum Bordell gaben sie ihr ein enges schwarzes Kleid. Zehn andere Frauen arbeiteten dort, Russinnen, Lettinnen, Litauerinnen und eine Türkin. Eine Barfrau erklärte Natalja, wie abgerechnet wird. Wenn die «Gäste» für Getränke zahlen, wird ihr ein Anteil aufgeschrieben, wenn sie ihr Geld geben, hat sie es abzuliefern. Drei Gäste bediente Natalja in der ersten Nacht.

Fortan saßen ständig Alis Brüder in der Wohnung. Natalja war nie allein. Jede Nacht wurde sie zur Arbeit abgeholt. Die Gäste waren jung, alt, arm, reich, manche brutal, manche zu betrunken, um etwas mit ihr anzufangen. Natalja durfte nie auch nur einen Pfennig behalten. Bald wurde sie in ein anderes, kleineres Bordell gebracht. Außer ihr arbeiteten hier nur noch eine Algerierin, eine Polin und eine weitere Ukrainerin. Die Gäste waren ausnahmslos Türken. «Sie stanken», sagt Natalja.

Nach zehn Tagen kam eine Razzia. Natalja verbrachte die Nacht in einer Zelle. Als sie am nächsten Tag vernommen wurde, log sie das Blaue vom Himmel herunter. Später wurde der Beamte von einer Kollegin abgelöst. Sie bot Natalja eine Zigarette an, Kaffee, ein zweites Frühstück. Natalja brach zusammen. «Ich kann nicht mehr», sagte sie der Beamtin, die ungefähr gleichen Alters war, nicht besonders freundlich, aber doch verständnisvoll. Und dann erzählte Natalja ihr alles.

Unterdessen waren der Ukrainer und der Türke in Holland beim Dealen erwischt worden. Die deutsche Staatsanwaltschaft gewährte Natalja Zeugenschutz. Man wollte die beiden Männer wegen Drogen- und wegen Menschenhandels anklagen und brauchte dazu Nataljas Hilfe. Natalja wurde in einem Frauenhaus untergebracht. SOLWODI – die Frauenhilfsorganisation von Schwester Lea Ackermann – half ihr mit einem Rechtsbeistand, zahlte ihr einen Deutschkurs.

Wir treffen Schwester Lea in einer ehemaligen Propstei in Boppard am Rhein, dem Sitz von «SOLWODI Deutschland».

Ein paar schlichte Büroräume in einem alten Gemäuer, das Risse hat. Einen Klingelknopf suchen wir vergeblich. Geld für Reparaturen gibt es nicht. Der eingetragene Verein von Schwester Lea beschäftigt in Deutschland dreißig Mitarbeiterinnen in vier Landesverbänden in Bayern, Niedersachsen, Nordrhein-Westfalen und Rheinland-Pfalz. Schwester Lea ist eine Ordensfrau von den Weißen Schwestern, trägt aber keine Ordenstracht, sondern legere Hosen und Pullover. Noch bevor man ihr die Frage stellen kann, sagt sie selber: «Sie wundern sich bestimmt, was eine verklemmte Katholikin mit dem Sexgeschäft zu tun hat.»

Von der Zeitschrift *Focus* wurde sie einmmal «Schwester Courage» genannt. Wenn sie an ihrem Schreibtisch sitzt, dann hat sie den Rhein im Rücken und ein Kruzifix im Blick. Wie der Gekreuzigte ausschaut, sanft und schicksalsergeben, mag sie ihn eigentlich nicht. Sie hat einmal auf der Philippineninsel Negros, wo sie Zuckerrohrarbeiter besuchte, das Bild von einem zornigen, wütenden Christus gesehen. «Dieses Bild», sagt sie, «entsprach dem, was ich empfinde.»

Sie ist Saarländerin. Nach der Schule begann sie eine Banklehre. 1960, ein Jahr nach dem Abschluss der Lehre, trat sie gegen den Willen ihrer Eltern bei den Weißen Schwestern ein. Nun erst begann sie ein Studium, Theologie in Toulouse. 1967 schickte der Orden sie nach Ruanda, wo sie eine Schule für Lehrerinnen aufbaute. Nach fünf Jahren in Afrika kehrte sie nach Deutschland zurück, begann ein Studium in München. Nach der Promotion arbeitete sie für Missio, nahm einen Lehrauftrag in Eichstätt an – bis es sie, 1985, wieder in die Ferne zog, sie wieder nach Afrika ging, wo sie SOLWODI gründete.

Die Ordenstracht hat sie vor Jahrzehnten schon abgelegt. Das kurz geschnittene, glatte Haar ist auch längst nicht mehr unter einem Schleier versteckt. «Mich hat stutzig gemacht», erklärt sie, «dass der Papst den Schleier so betonte.» Sie bewundert Alice Schwarzer und freut sich, wenn sie jemand «Feministin» nennt.

Als Ordensfrau hat sie in Thailand, auf den Philippinen und in Kenia als Lehrerin gearbeitet. Sie hörte, wie thailändische Taxifahrer die eigenen Geschwister zur Prostitution anboten. Sie sah Dörfer ohne junge Mädchen, «sie waren alle in die Bordelle von Manila gekarrt worden».

Schwester Lea hat die wechselnden Vorlieben im Sexgewerbe miterlebt. Früher wollten die Freier Brasilianerinnen, dann Thailänderinnen und Filipinas, heute Osteuropäerinnen. SOLWODI hat zahlreiche Fälle genauestens dokumentiert. Das Entwicklungshilfeministerium unterstützt das Reintegrationsprogramm von SOLWODI, will aber den Nachweis erbracht haben, dass die Hilfe sinnvoll angelegt wird. Lea Ackermann hat vielen Frauen geholfen, die vergewaltigt, mit glühenden Zigaretten misshandelt oder wie Natalja «nur» bedroht wurden – bis sie aufgaben und «freiwillig» in die Bordelle gingen.

Sie sähe es gern, dass in Deutschland, wie in Schweden, die Freier bestraft würden. Von dem neuen deutschen Gesetz, das die Prostitution entkriminalisiert und zu einem sozialversicherungspflichtigen Beruf erhebt, hält sie nichts. Im Gegenteil, es habe alles nur schlimmer gemacht. In jedem kleinen Nest in Deutschland haben inzwischen Bordelle aufgemacht. Völlig legal, für die Polizei gibt es keinen Grund einzuschreiten. Und die Gemeinden haben nichts gegen die Häuser. Bei den horrenden Getränkepreisen springen für sie eine Menge Einnahmen aus der Gewerbesteuer ab.

Der «Lido Club» ist ein solches Etablissement. Es liegt nahe einer westdeutschen Großstadt, verkehrsgünstig wenige hundert Meter von einer Autobahnausfahrt entfernt. Der Schattenriss einer nackten Schönheit auf dem Reklameschild über dem Eingang wird etwas von der Mauer verdeckt. Aber wer sucht, findet das Schild leicht.

An einer Bar mit eleganter Espressomaschine und Warsteiner-Bier im Ausschank bedient eine rundliche Matrone. Ihr Akzent ist unüberhörbar osteuropäisch. «Schon mal hier gewesen?», fragt sie den sich neugierig umschauenden Gast.

«Nein, noch nicht.»

«Es ist ganz einfach, du lädst ein Mädchen ein, nimmst es mit aufs Zimmer» – Kopfbewegung in Richtung Seitenflügel –, «mit Whirlpool oder ohne.»

Vier hübsche Blondinen sitzen auf einer Sofagarnitur, schäkern mit vier ausländischen Freiern in dunklen Anzügen. Kopfbewegung: «Die vier sind besetzt.» Kopfbewegung in Richtung zweier, nicht ganz so hübscher Damen an der Bar: «Die beiden nicht.»

«Woher kommen die Mädchen?»

«Alle aus Russland.»

Ein paar Tage später gehen wir aufs zuständige Polizeirevier. Es liegt im Nachbarort, ist so klein, dass nur ein Beamter dort Dienst tut. Frage an ihn: «Gibt es manchmal Schwierigkeiten mit dem Lido?»

«Ganz selten, vielleicht drei-, viermal im Jahr.»

«Weshalb? Wegen der illegalen Frauen? Streit unter Zuhältern?»

«Nö, es kommt nur mal vor, dass ein Gast nicht für die Leistungen bezahlen will, die er in Anspruch genommen hat.»

«Was sind das für Gäste?»

«Die meisten wohl Stammkunden aus der Gegend, deshalb passiert ja auch so wenig.»

Noch eine letzte Frage: «Wenn die Frauen angeblich Russinnen sind, dann ist doch mindestens illegale Arbeit, vielleicht sogar Menschenhandel zu vermuten. Kümmert Sie das nicht?»

«Das wäre Sache des Arbeitsamtes – oder des Landeskriminalamts, bisher gab es weder für das eine noch das andere Grund zum Einschreiten.»

Natalja stand den Prozess gegen ihre beiden Peiniger durch. Aber fast wäre sie umgefallen. Sie hatte mit ihrer Mutter telefoniert, ihr vorgeflunkert, sie sei zurzeit in Polen. Die Mutter berichtete ihr, dass kurz zuvor drei fremde Männer ihren kleinen Sohn von der Schule abgeholt hätten, wollte wissen, warum. Wenig später wurde der Ukrainer zu zehn Jahren, der Türke zu sieben Jahren Haft verurteilt. Die nette Kundin in der Ukraine blieb auf freiem Fuß. Gegen sie hat niemand ermittelt. Gegen die Männer, die Nataljas Sohn zur Einschüchterung von der Schule abholten, und gegen den Schaffner, der sie über die Grenze spedierte, auch niemand. Trotzdem verfügte die Ausländerbehörde in Deutschland, Natalja sei unverzüglich abzuschieben. Erst als das Bundeskriminalamt bestätigte, sie sei weiterhin gefährdet, wurde die Abschiebung ausgesetzt.

Rund fünfhunderttausend Frauen werden nach Angaben der EU jährlich in Westeuropa zur Prostitution gezwungen. Die Mehrzahl der Opfer stammt aus Osteuropa. Die Täter kommen von überallher, viele auch aus Osteuropa, die meisten sind jedoch Einheimische, in Deutschland neben auffällig vielen Türken zum größten Teil also Deutsche. Nur selten wird gegen die Zuhälter und Menschenhändler ermittelt. In Deutschland wurden laut *Lagebild Menschenhandel* des Bundeskriminalamts (BKA) im Jahr 2002 lediglich 289 Ermittlungsverfahren eröffnet. Knapp fünf Prozent der von der Polizei entdeckten Prostituierten sind minderjährig. Über die

Hälfte der Frauen sind bei der Anwerbung über den wahren Grund der Einreise getäuscht worden, viele wurden durch Künstleragenturen oder Zeitungsinserate angeworben. Knapp vierzig Prozent der Menschenhändler sind Deutsche; und rund ein Viertel der Tatverdächtigen sind Frauen. Die Verurteilungsquote liegt laut Kriminalstatistik nur bei knapp zehn Prozent, wobei das Strafmaß von zehn Jahren für schweren Menschenhandel nur selten voll ausgeschöpft wird. Die Gewinne aus der Prostitution werden nur selten eingezogen.

Den meisten Frauen, die bei Razzien in Bordellen aufgegriffen werden, droht sofortige Abschiebung. Von denjenigen, die legal nach Deutschland eingereist sind, haben viele nur ein dreimonatiges Touristenvisum. Für die Prostitution, die eine legale Erwerbstätigkeit ist, müssten die Frauen eine Arbeitserlaubnis haben, die Touristinnen jedoch nicht gewährt wird. Strafbar macht sich eine Frau auch, wenn sie etwa als Au-pair-Mädchen oder als Künstlerin eine Arbeitserlaubnis hat, in Wirklichkeit aber der Prostitution nachgeht. So kommt es beim Verdacht auf Prostitution und Menschenhandel auch deshalb selten zu Verurteilungen, weil die Opfer nach ihren ersten Vernehmungen gleich abgeschoben werden und als Zeuginnen nicht mehr zur Verfügung stehen. Und selbst in Fällen schlimmster Ausbeutung besteht oft noch eine unheilige Allianz zwischen Zuhältern und Prostituierten. Die Zuhälter wollen ihre Bordelle behalten, die Frauen haben Angst, in ihre Heimatorte abgeschoben zu werden, die sie aus materieller Not verlassen haben und in denen sich bei der Rückkehr leicht herumspricht, was sie im Ausland gemacht haben. Überdies drohen die in internationalen Banden organisierten Zuhälter ihren Opfern schwerste Repressalien an, sollten sie aussagen. Nur Zeugenschutzprogramme, bei denen den Frauen Polizeischutz, eine finanzielle Hilfe (nach den

Asylbewerbersätzen) und psychologische Betreuung gewährt wird, ermöglichen es den Opfern, die oft ein bis zwei Jahre dauernden Prozesse durchzustehen und gegen die modernen Sklavenhändler auszusagen. Im Jahr 2002 wurden laut *Lagebild* des BKA nur 5,5 Prozent der bekannt gewordenen Opfer in solche Zeugenschutzprogramme aufgenommen.

Im Jahre 2002 waren dem BKA insgesamt 811 Opfer gemeldet. Von ihnen erhielten 104 eine so genannte ausländerrechtliche Duldung, darunter auch Natalja. Für 656 Opfer wurden laut BKA «Angaben zur Betreuung» gemacht, 200 wurden dann tatsächlich betreut. ■

Mildernde Umstände

■ *Auf der Basis von Kurzprotokollen, die Barbara Koelges und Gabriele Welter-Kaschub für die von der Hilfsorganisation SOLWODI herausgegebenen Broschüre «Probleme der Strafverfolgung und des Zeuginnenschutzes in Menschenhandelsprozessen – Eine Analyse von Gerichtsakten» (Boppard, 2002) zusammengestellt haben, sind hier einige Fälle beschrieben. Manche der Urteile fallen erstaunlich niedrig aus, und Schwester Lea Ackermann wird nicht müde, auf den auffälligen Umstand hinzuweisen, dass die Gerichte das volle Strafmaß nur höchst selten ausschöpfen.*

Auszüge aus einem Urteil des Landgerichts Koblenz im Jahre 1997:

Im Juli 1997 beschlossen die vier türkischen Angeklagten, gemeinsam Frauen aus dem osteuropäischen Ausland, z. T. unter dem Vorwand, ihnen Arbeit als Kellnerinnen zu verschaffen, in die Bundesrepublik einzuschleusen. Anschließend zwangen sie die Frauen, für sie in verschiedenen Bars als Prostituierte zu arbeiten. Insgesamt wurden neun Fälle verhandelt, fünf der Frauen wurden von SOLWODI e.V. betreut. Soweit sich die Angeschuldigten geäußert haben, bestritten sie die Tatvorwürfe vollständig.

117

Nach den Ergebnissen der Ermittlungen ist davon auszugehen, dass in Riga, Weißrussland und der Ukraine von dortigen Mittelspersonen gezielt per Zeitungsannonce Frauen angeworben wurden. Hierbei wurde ihnen teilweise vorgetäuscht, sie könnten als Kellnerin arbeiten und dabei ein beträchtliches Einkommen erzielen. Die Tätergruppe unterhielt unmittelbaren Kontakt zu den Werbern in den Herkunftsländern.

In Deutschland gerieten die Frauen schnell in ein von Hilflosigkeit und Angst geprägtes Abhängigkeitsverhältnis zu den Angeschuldigten. Die Zeuginnen hatten zumeist «Schulden», da ihnen stets bestimmte Summen für Visa und Einreise nachträglich auferlegt wurden, was ihnen die Möglichkeit nahm, finanzielle Mittel für die Heimreise zu erwirtschaften. Hinzu kam, dass die Zeuginnen Repressalien in ihrer Heimat zu befürchten hatten. Ihre Familien wurden in den Heimatländern bedroht.

Der Angeklagte X holte die Frauen von den Schleusern ab, brachte sie in die Bordelle, kontrollierte die Arbeit, bedrohte sie, wenn sie sich weigerten. Er vergewaltigte ein Opfer im Bordell. Er wurde verurteilt wegen Vergewaltigung, schweren Menschenhandels in drei Fällen, jeweils in Tateinheit mit bandenmäßigem Einschleusen von Ausländern, in zwei Fällen in Tateinheit mit Zuhälterei und in einem Fall in Tateinheit mit Freiheitsberaubung, wegen Zuhälterei in zwei Fällen, jeweils in Tateinheit mit Förderung der Prostitution und in einem Fall in Tateinheit mit bandenmäßigem Einschleusen von Ausländern. Die Gesamtfreiheitsstrafe betrug sechs Jahre.

Der Angeklagte Y ist vorbestraft wegen gemeinschaftlich begangener Förderung der Prostitution und Beihilfe zur Tat des unerlaubten Aufenthalts in der Bundesrepublik. Seine

Aufgabe war das Abholen der Opfer vom Schleuser, Verbringen in die verschiedenen Bordelle und Zwang zur Prostitution, Abholen des Geldes und Verhindern des Ausstiegs aus der Prostitution. Er verletzte die Frauen mehrfach z. B. durch Ohrfeigen und Faustschläge. Das Gericht verurteilte ihn wegen Zuhälterei in vier Fällen, davon drei in Tateinheit mit bandenmäßigem Einschleusen von Ausländern, in einem Fall in Tateinheit mit vorsätzlicher Körperverletzung, bandenmäßigem Einschleusen von Ausländern, schwerem Menschenhandel in Tateinheit mit Zuhälterei, bandenmäßigem Einschleusen von Ausländern und vorsätzlicher Körperverletzung, versuchter Erpressung in zwei Fällen zu einer Gesamtfreiheitsstrafe von vier Jahren und sechs Monaten – unter Einbeziehung von Strafen aus früheren Urteilen.

Der Angeklagte Z schleuste die Frauen ein unter dem Vorwand, ihnen Arbeit als Kellnerin zu verschaffen. Er holte sie ab, brachte sie in verschiedenen Bordellen unter und zwang sie durch Drohungen und körperliche Gewalt zur Prostitution. Er wurde wegen Zuhälterei, Einschleusen von Ausländern und wegen schweren Menschenhandels zu einer Gesamtfreiheitsstrafe von drei Jahren und sechs Monaten verurteilt.

Der vierte Angeklagte war der Besitzer des Bordells, in dem die Frauen zur Prostitution gezwungen wurden. Das Gericht verurteilte ihn wegen Zuhälterei, Förderung der Prostitution und schweren Menschenhandels zu zwei Jahren und sechs Monaten.

Landgericht Mainz, 1997:
Die aus Nigeria stammende Angeklagte hatte sich als Prostituierte in Deutschland betätigt. Dabei kam sie auf die Idee, andere Afrikanerinnen einzuschleusen, um sie hier, auch gegen ihren Willen, in die Prostitution zu bringen.

Eine der Zeuginnen war eine Cousine der Angeklagten. Ihr wurde eine Arbeit in einer Fabrik in Aussicht gestellt. Sie reiste per Flugzeug ohne gültigen Ausweis mit fremdem Pass ein und wurde von der Angeklagten zur Prostitution gezwungen. Die Angeklagte drohte ihr mit Voodoo-Zauber und mit einer Anzeige bei der Polizei. Eine zweite Zeugin und Nebenklägerin wurde von SOLWODI e.V. betreut. Sie wurde im Februar 1995 in Nigeria von der Angeklagten für Arbeit in Deutschland angeworben. Es wurde ausgemacht, dass sie die Reisekosten in Höhe von dreißigtausend Mark zurückbezahlen soll. Im März 1995 reiste sie mit dem Pass der Angeklagten ein. Diese brachte sie in ein Bordell, drohte ihr mit Polizei und Gefängnis und schlug sie mit einem Stuhl. Nachdem die dreißigtausend Mark abbezahlt waren, wollte die Angeklagte noch fünfzehntausend Mark mehr. Die Zeugin ging vom April 1995 bis zu einer Razzia im Oktober 1996 für die Angeklagte der Prostitution nach.

Das Urteil des Amtsgerichts Mainz lautet auf schweren Menschenhandel in zwei Fällen in Tateinheit mit Zuhälterei, Missbrauch von Ausweispapieren und Beihilfe zum Einschleusen von Ausländern. Die Angeklagte wurde zu vier Jahren verurteilt. Gegen dieses Urteil legte sie Berufung ein und wurde schließlich zu zwei Jahren und sechs Monaten verurteilt.

Landgericht Koblenz, 1998:

Anfang des Jahres 1996 begann der türkische Angeklagte mit einer als Animierdame und Prostituierte tätigen Polin ein Verhältnis. Sie ging in der Zeit des Zusammenlebens mit ihm bis etwa Januar 1997 der Prostitution nach.

Anfang Januar 1997 erklärte sie, dass sie nicht mehr der Prostitution nachgehen wolle. Hierauf reagierte der Angeklagte wütend und verlangte von ihr innerhalb der nächsten drei Tage zwanzigtausend Mark Ablösesumme. Er drohte, er würde dafür sorgen, dass sie, ihr Kind oder ihre Familie umgebracht würde, wenn sie sich weigerte zu zahlen oder wenn sie zur Polizei ginge. Bei einem Besuch in ihrer Wohnung schlug er sie mit dem Kopf mehrmals gegen die geflieste Wand im Bad, ließ sich dann von seinem Begleiter eine Schusswaffe geben, drückte dreimal gegen ihren Kopf ab, schlug und trat sie wiederholt. Zu einer Geldübergabe kam es nicht, weil die Frau über einen solchen Betrag nicht verfügte. Der Angeklagte wurde wegen seiner Beteiligung in einem anderen Verfahren festgenommen und befand sich seither in Untersuchungshaft.

Das Gericht verurteilte ihn wegen versuchter räuberischer Erpressung und versuchter schwerer räuberischer Erpressung in Tateinheit mit gefährlicher Körperverletzung zu acht Jahren und zwei Monaten Freiheitsstrafe.

Landgericht Hagen, 1999:

Die von SOLWODI e.V. betreute Nebenklägerin, eine zum Zeitpunkt des Tatgeschehens achtzehnjährige Litauerin, hatte sich im Jahre 1995 interessiert gezeigt, zum Zweck der Arbeitsaufnahme nach Deutschland einzureisen. Nachdem man ihr und ihrer damals neunzehnjährigen Freundin die Pässe abgenommen hatte, erhielten sie Kontakt zu verschiedenen Personen, die ihnen die gewünschte Ausreise ermöglichen wollten. Die Mädchen stellten sich eine Tätigkeit in der Küche einer Gastwirtschaft vor. Als ihnen angedeutet wurde, sie könnten sich durch Kontakte mit Männern zusätzliche Einkünfte verschaffen, lehnten sie ab. Anfang September 1995 wurde schließlich ein Kontakt zu dem litauischen Angeklagten vermittelt. Er machte den beiden klar, dass sie nun ihm gehörten, in Deutschland als Prostituierte zu arbeiten hätten, und drohte ihnen mit Gewalt, falls sie zu fliehen versuchen sollten. Anfang Oktober 1995 schleuste der Angeklagte die beiden Frauen schließlich mit falschen Pässen in die Bundesrepublik ein. Er verkaufte sie für mindestens dreitausend Mark an türkische Bordellbesitzer. Dort hatten die beiden der Prostitution nachzugehen, wobei sie gesagt bekamen, sie sollten ihren Kaufpreis abarbeiten. Der Angeklagte hat die Tat bestritten und behauptet, er kenne die Frauen nicht. Er sei im März 1995 aus Deutschland ausgewiesen worden und bis zur Einreise im März 1999 nicht mehr dort gewesen.

Das erste Urteil lautete vier Jahre Freiheitsstrafe wegen schweren Menschenhandels. Im Berufungsurteil des Landgerichts Hagen wurde die Strafe auf drei Jahre und drei Monate herabgesetzt.

Amtsgericht Siegburg, 1999:

Dieses Verfahren wurde von einem anderen abgetrennt. Es gab eine Nebenklägerin, die von SOLWODI e.V. betreut wurde. Im Sommer 1999 erzählte der im Hauptverfahren Angeklagte seinem Bekannten, dem Angeklagten in diesem Nebenverfahren, dass er ein Bordell eröffnen wolle. Der Angeklagte bot ihm an, ausländische Mädchen zu besorgen. So wurden drei Zeuginnen von einem «Igor» angeworben und von dem Angeklagten ins Bordell seines Bekannten gebracht. Fünfzig Prozent der Einnahmen gingen an den Bordellbetreiber, vom Rest mussten die Frauen noch einen Anteil an «Igor» abgeben.

Der Angeklagte wurde lediglich wegen eines Verstoßes gegen das Ausländergesetz zu sieben Monaten Freiheitsstrafe auf Bewährung verurteilt.

Landgericht Oldenburg, 2000:

Vom Oktober 1997 bis Mitte 1999 haben sich die beiden Angeklagten, ein lettischer und ein russischer Staatsbürger «daran beteiligt», junge Frauen aus der Ukraine und aus Russland in die Bundesrepublik einzuschleusen, sie verschiedenen Bordellen zuzuführen, wo sie der Prostitution nachgingen, und ihnen den größten Teil des Lohns abzunehmen.

Mit der Anwerbung in der Heimat hatten die Angeklagten nichts zu tun. Sie brachten die Frauen dazu, die Prostitution in Bordelle in verschiedenen Regionen Deutschlands aufzunehmen. Die angeworbenen Frauen wussten wohl, dass sie als Prostituierte arbeiten würden, waren allerdings in dem Glauben gelassen, dass sie viel Geld verdienen könnten. Nach ihrer Einreise erst wurde ihnen gesagt, dass sie Schulden abzutragen hätten für Transfer, Papiere etc. Vom verdienten Geld mussten die Frauen auch an die Bordellbetreiber und an einen Mittelsmann Anteile abgeben. Die Frauen behielten nur einen geringen Teil für sich selbst. Die Frauen aus der Ukraine mussten fünfhundert Mark pro Woche abgeben. Die Angeklagten behielten je hundert Mark, dreihundert Mark gingen an den Mittelsmann. Mitte des Jahres 1998 trennten sich die Angeklagten von diesem und arbeiteten allein weiter. Insgesamt wurden fünf Frauen aus der Ukraine eingeschleust und fünf aus Russland. Die Nebenklägerin wurde von SOLWODI e.V. betreut.

Das Gericht sprach beide Angeklagte schuldig des Menschenhandels in Tateinheit mit Zuhälterei und mit gewerbs- und bandenmäßigem Einschleusen von Ausländern. Der Angeklagte X wurde in elf Fällen schuldig gesprochen und erhielt zwei Jahre und neun Monate Gesamtfreiheitsstrafe. Der Angeklagte Y wurde in sechs Fällen für schuldig gesprochen und erhielt ein Jahr und neun Monate Gesamtfreiheitsstrafe.

Landgericht Halle, 2001:

Der Angeklagte X gehörte einer international agierenden, weißrussischen Schleuserorganisation an. Ziel dieses Zusammenschlusses war es, Frauen aus Ländern der ehemaligen GUS und aus Osteuropa, vornehmlich aber weißrussische Frauen gegen Zahlung eines Entgelts nach Deutschland einzuschleusen, um sie der Prostitution zuzuführen. Der Angeklagte, der nach Bedarf mit den verschiedenen Mitgliedern der Bande zusammenarbeitet, wusste stets um die ausländerrechtliche Illegalität der nach Deutschland gebrachten Frauen. In Deutschland wurden die Frauen verschiedenen Bordellen oder Bordellwohnungen zugeführt und untereinander ausgetauscht. Die Erlöse aus der Arbeit flossen hälftig den Bordellbetreibern zu. Von dem ihnen verbleibenden Anteil mussten die Frauen wöchentlich bis zu fünfhundert Mark an die Schleuserorganisation abführen. Den Frauen blieb nur ein kleiner Bruchteil.

Der Angeklagte X hatte die Aufgabe, Frauen an der polnisch-deutschen Grenze von Fußschleusern zu übernehmen und auf die verschiedenen Bordelle zu verteilen, bei Bedarf auszuwechseln und wöchentliche Kassierfahrten durchzuführen. Er diente den Bordellbetreibern als Ansprechpartner bei Schwierigkeiten mit den Frauen.

Der Angeklagte Y betrieb seit Dezember 1999 in den Wohn- und Geschäftsräumen eines Nachtcafés ein ungenehmigtes Bordell. Dort hielten sich regelmäßig mehrere osteuropäische Frauen auf, die durch den Angeklagten X zur Ausübung der Prostitution bestimmt und überwacht wurden. Dem Angeklagten war klar, dass die Frauen von besagter Schleuserorganisation nach Deutschland gebracht wurden und dass sie ohne Aufenthalts- und Arbeitsgenehmigung arbeiteten.

Der Angeklagte Y betrieb von Anfang Juni 1999 bis April

2001 zwei ungenehmigte Bordellwohnungen. Er brachte dort osteuropäische Prostituierte unter, die ihm auf telefonische Bestellung von Mitgliedern der Schleuserorganisation zugeführt wurden. Er wusste, dass keine der Frauen eine Arbeits- und Aufenthaltserlaubnis besaß. Die Frauen standen den ganzen Tag unter Aufsicht, durften die Bordellwohnungen nur eine halbe Stunde am Tag verlassen. Ihre gesamten Einnahmen mussten sie an Angestellte des Angeklagten abliefern. Sie bekamen dann einen Anteil, von dem sie noch einen Anteil an die Schleuserorganisation abgeben mussten.

Der Angeklagte X wurde zu zwei Jahren, sechs Monaten und zu drei Jahren wegen banden- und gewerbsmäßigen Einschleusens von Ausländern in Tateinheit mit Zuhälterei und Menschenhandel in zwölf Fällen verurteilt.

Der Angeklagte Y wurde zu vier Jahren wegen gewerbsmäßigen Einschleusens von Ausländern in Tateinheit mit Förderung der Prostitution, Zuhälterei und Menschenhandel in vierunddreißig Fällen verurteilt.

Für den Angeklagten Z lautete das Urteil drei Jahre, sechs Monate wegen gewerbsmäßigen Einschleusens von Ausländern in Tateinheit mit Förderung der Prostitution, Zuhälterei und Menschenhandel in sechzehn Fällen.

Amtsgericht Naumburg, 2001:

Vom März bis April 1999 und wieder ab Januar 2001 gehörte der Angeklagte einer international agierenden weißrussischen Schlepper-Organisation an. Die Mitglieder der Organisation handeln in der Absicht, sich durch Planung und Abwicklung von Schleusungen eine fortlaufende Einnahmequelle zu verschaffen. Ziel des Zusammenschlusses war es, Frauen mit überwiegend weißrussischer Herkunft aus Ländern der GUS gegen Zahlung eines Entgelts nach Deutschland zu bringen und sie der Prostitution zuzuführen. In Deutschland wurden die Frauen verschiedenen Clubs, Bordellen und Bordellwohnungen zugeführt und karussellweise untereinander ausgetauscht. In den Clubs prostituierten sie sich zu den von den Betreibern vorgegebenen Zeiten und Tarifen. Darüber hinaus mussten sie wöchentlich bis zu fünfhundert Mark nebst zusätzlicher Abgaben für Transport, Visa etc. an die Organisation abführen. Der Aufgabenbereich des Angeklagten lag in der Verteilung der Frauen auf diverse Bordellbetriebe und dem Kassieren der Abgaben.

Der Angeklagte wurde wegen gewerbs- und bandenmäßigen Einschleusens von Ausländern in zwei Fällen zu einer Gesamtfreiheitsstrafe von zwei Jahren und neun Monaten verurteilt. Zugunsten des Angeklagten wurden dabei seine Unbestraftheit und die Untersuchungshaft gewertet.

Landgericht Duisburg, 2001:

Einem zur Zeit des Urteils vierunddreißig Jahre alten Ukrainer (Angeklagter X) wurde gemeinschaftliches Einschleusen von Ausländern, Vergewaltigung und schwerer Menschenhandel in Tateinheit mit Zuhälterei zur Last gelegt. Ein zweiter Ukrainer, vierundzwanzig Jahre alt (Angeklagter Y), stand wegen gemeinschaftlichen Einschleusens von Ausländern und Vergewaltigung vor Gericht. Ein dritter Angeklagter (Angeklagter Z) war türkischer Nationalität, zweiunddreißig Jahre alt und wurde des Menschenhandels in Tateinheit mit Beihilfe zur Zuhälterei angeklagt.

Das Urteil erging am 28. Mai 2001. Der Vorwurf der Anklage betraf drei Frauen. Hier wird aber nur die Rede von einer sein, die von SOLWODI e.V. betreut wurde. Sie stammte aus der Ukraine und war zum Zeitpunkt der gegen sie verübten Taten erst neunzehn Jahre alt. Sie hatte dort bereits als Prostituierte gearbeitet. Sie wurde einen Tag lang in der Hauptverhandlung vernommen.

Die 1981 geborene Frau fand nach Abschluss der Berufsschule in der Ukraine keine Arbeit. Ihre Eltern waren ebenfalls arbeitslos. So ging sie im Jahr 2000 in ihrer Heimat in ein Wohnungsbordell. Dort erhielt sie eine Woche lang nahezu täglich Anrufe eines Mannes, der ihr erklärte, er verfüge über Möglichkeiten, Mädchen illegal in die Bundesrepublik einzuschleusen. Nach etwa einer Woche traf sie sich mit dem Mann, der sich als A. vorstellte, und einem Begleiter, dem Angeklagten Y.

Der Angeklagte X und der Angeklagte Y hatten schon zuvor beschlossen, einer Frau zur illegalen Einreise nach Deutschland zu verhelfen, um sie dann als Prostituierte zu «vermarkten».

Im Gespräch mit der Zeugin erklärten A. und der Angeklagte Y ihr, dass sie «eine sehr gute Arbeit» in einem «sehr schicken Club» für sie hätten, wodurch sie «sehr viel Geld» verdienen könne. Von diesem Verdienst sollte sie fünfundzwanzig Prozent an A. in der Ukraine übermitteln und fünfzig Prozent dem Angeklagten Y, der mit nach Deutschland reisen würde, aushändigen. Das zuerst verdiente Geld sollte die Zeugin für den Pass und die Kosten der illegalen Einreise ganz abgeben.

In Berlin wurden die Zeugin und der Angeklagte Y von dem Angeklagten X bereits erwartet. Dieser nahm ihr den Pass und den ukrainischen Ausweis ab mit der Bemerkung, dass sie die Unterlagen in der Stadt D. wiederbekommen würde, was aber nie geschah. Mit dem Zug fuhren sie um Mitternacht nach D. und begaben sich zu einer Wohnung, die von dem Angeklagten X, dem Angeklagten Y und einem dritten Ukrainer bewohnt wurde.

Die Zeugin erkundigte sich noch am selben Abend, wann sie mit der Arbeit in dem «schicken Club» beginnen könne. Die beiden Angeklagten hatten jedoch noch keinerlei Vorbereitungen getroffen und erklärten der Zeugin lediglich, dass sie die Kosten für die Unterkunft zahlen müsse, sobald sie – die beiden Angeklagten – Arbeit für die Zeugin gefunden hätten. Gegebenenfalls würden sie die Zeugin auch verkaufen.

Die Zeugin sah sich bereits zu diesem Zeitpunkt in einer völlig ausweglosen Situation. Sie war sich bewusst, dass sie ohne Geld, Ausweispapiere und Wohnung nirgendwo anders hingehen und sich angesichts ihres illegalen Aufenthalts auch nicht an die zuständigen Behörden wenden konnte. Am nächsten oder übernächsten Tag nach der Ankunft in D. erklärte ihr der Angeklagte X, er würde von ihren Schulden jeweils hundert Mark abziehen, wenn sie mit ihm geschlechtlich verkehre, worauf die Zeugin einging.

In den folgenden Tagen – die Angeklagten hatten immer noch keine Arbeit in einem Club für die Zeugin gefunden – begannen die Angeklagten verstärkt zu trinken, und es kam eine Woche nach der Ankunft in Deutschland zu sexuellen Übergriffen auf die Zeugin. Nach glaubhaften Angaben der Zeugin wurde sie von den Angeklagten, die «ständig mit ihr ficken wollten», geschlagen, bevor sie sich sexuell an ihr vergingen. Zu essen und zu trinken erhielt sie in dieser Zeit allein nach dem Belieben der beiden Angeklagten. Einmal bekam sie drei Tage lang nichts zu essen.

Mitte August 2000 kam es wiederum zu Übergriffen auf die Zeugin, die bis dahin noch nichts verdient hatte. Der angetrunkene Angeklagte X betrat das Zimmer der Zeugin mit den Worten, er brauche «erste Hilfe». Die Zeugin lehnte sinngemäß mit den Worten ab: «Darf ich hier auch mal schlafen, ohne zu ficken?» Der Angeklagte X erklärte daraufhin, es sei ihm egal, ob die Zeugin dabei wach sei oder schlafe, und rief verärgert nach dem Angeklagten Y. Dieser erschien mit der Frage, was denn hier los sei, im Zimmer der Zeugin. Der Angeklagte X erklärte ihm, dass «dieser Schweinehund schon wieder Allüren» habe.

Der Angeklagte Y, der verabredungsgemäß nach dem Angeklagten X an der Reihe sein sollte und den Angeklagten X drängte, schlug der Zeugin mit der Hand ins Gesicht, um sie gefügig zu machen. Anschließend zerdrückte der Angeklagte X eine leere Bierdose auf der Stirn der Zeugin und riss sie an den Haaren zu Boden mit den Worten, sie werde ihn noch auf Knien anflehen, dass er sie «bumsen» werde. Als die Zeugin am Boden lag, trat der Angeklagte Y sie mehrfach unter anderem in den Bauch und verließ dann den Raum, damit der Angeklagte X den Geschlechtsverkehr mit der Zeugin ausüben könne.

Die Zeugin lag geschwächt am Boden. Der Angeklagte X steckte sich eine Zigarette an und erklärte der Zeugin, dass sie noch zwei Minuten Zeit habe, sich die Sache zu überlegen. Noch einmal erklärte die Zeugin, dass sie «nicht wolle». Der Angeklagte X ließ dessen ungeachtet seine Hose herunter und forderte die Zeugin auf, die Beine zu spreizen. Als die Zeugin dem nicht nachkam, drückte der Angeklagte X die noch brennende Zigarette auf dem Unterschenkel der Zeugin aus, die daraufhin den Widerstand aufgab. Als der Angeklagte X von ihr abließ, erschien der Angeklagte Y, setzte sich mit erigiertem Glied auf die Brust der Zeugin und forderte sie auf, «ihm einen zu blasen». Die entkräftete Zeugin reagierte nicht. Aus Verärgerung darüber schlug der Angeklagte Y der Zeugin mit der Hand ins Gesicht und ließ mit den Worten von ihr ab, sie müsse daran arbeiten.

Eines Tages in der zweiten Augusthälfte 2000 gegen 6 Uhr

morgens erklärte der Angeklagte X der Zeugin, die ihm und dem Angeklagten Y bis dahin noch kein Geld eingebracht hatte, dass er sie nunmehr verkaufen werde, zuvor aber noch einmal mit ihr schlafen wolle. Er gab der Zeugin eine Zigarette. Als die Zeugin ablehnte, mit dem Angeklagten X zu schlafen, und die Zigarette wegwarf, schlug er ihr mit der Hand ins Gesicht und vergewaltigte sie dann. Anschließend sagte er sinngemäß zu der Zeugin, «diese Zigarette wirst du so lange abarbeiten, solange du deinen Namen noch weißt».

Ebenfalls in der zweiten Augusthälfte kam es zu einer Meinungsverschiedenheit zwischen den beiden Angeklagten. Der Angeklagte X war darüber verärgert, dass man an der Zeugin immer noch nichts verdient hatte. Da sich mangels entsprechender Kontakte zu Clubbesitzern an diesem Zustand nichts ändern würde, beschloss der Angeklagte X nunmehr, die Zeugin auf den «Straßenstrich» zu schicken. Er erklärte der Zeugin, dass sie abends vor dem Haus, in dem sich die Wohnung befand, an einer Telefonzelle auf Freier warten und diesen einen Preis von fünfzig Mark nennen sollte. Weitere Einzelheiten und Zusatzpreise zum Beispiel für Geschlechtsverkehr ohne Kondom werde er dann oben in der Wohnung mit den Freiern aushandeln. Von einem zur Straße gelegenen Fenster werde er die Zeugin beobachten und kontrollieren.

In den folgenden zwei Wochen musste die Zeugin abends vor der Telefonzelle auf und ab gehen, um auf Freier zu warten. Einige Male war der Angeklagte X dabei, um die Zeugin zu überwachen, im übrigen beobachtete er sie, was die Zeugin wusste, von einem Fenster der Wohnung aus. In dieser Zeit hatte die Zeugin maximal sieben Freier, die sie entsprechend den Anordnungen des Angeklagten X mit in die Wohnung nahm, wo sie, nachdem der Angeklagte X weitere Einzelheiten und den Preis ausgehandelt hatte, mit ihnen

Geschlechtsverkehr ausübte. In der Urteilsbegründung ging die Kammer davon aus, dass der Angeklagte X in dieser Zeit dreihundertfünfzig Mark aus der Prostitution seitens der Zeugin eingenommen hatte.

Anfang September 2000 sprach der Angeklagte Z die Zeugin, die ihm an der Telefonzelle aufgefallen war, auf Deutsch an. Die Zeugin verstand den Angeklagten Z nicht und entgegnete nur «fünfzig Mark» und deutete mit Gesten an, dass er mit in die Wohnung nach oben kommen solle. Der Angeklagte Z folgte ihr und traf in der Wohnung den Angeklagten X. Er konnte sich auf Deutsch mit ihm verständigen. Der Angeklagte X und der Angeklagte Z unterhielten sich, und der Angeklagte Z, der durch türkische Landsleute über Kontakte zu Clubbesitzern verfügte, erklärte dem Angeklagten X, dass es lukrativer sei, wenn man die Zeugin in einem Club arbeiten ließe. Der Angeklagte X war damit einverstanden, dass sich der Angeklagte Z um einen Arbeitsplatz für die Zeugin in einem Club kümmerte. Schon am nächsten Tag hatte der Angeklagte Z einen Club in einem Ort über hundert Kilometer von D. entfernt ausfindig gemacht.

Wenige Tage später fuhren der Angeklagte X, der Angeklagte Z und die Zeugin zu dem erwähnten Club, wo der Angeklagte Z mit der Geschäftsführerin die Modalitäten im Einzelnen aushandelte. Danach hatte die Zeugin täglich hundert Mark für Essen und Wohnung in dem Club zu zahlen. Bei Geschlechtsverkehr ohne Kondom würde die Zeugin «rausfliegen». Der einmalige Geschlechtsverkehr sollte hundert Mark kosten, mehrfacher Geschlechtsverkehr bis zu einer halben Stunde Dauer zweihundert Mark. Extraleistungen sollten besonders vergütet werden.

Am ersten Sonntag des Aufenthalts der Zeugin in dem Club kamen der Angeklagte Z und X gemeinsam in dem Pkw des Angeklagten Z dorthin. Der Angeklagte X wollte die von der Zeugin erzielten Einnahmen abkassieren. Die Zeugin übergab dem Angeklagten X alles von ihr durch Prostitution erarbeitete Geld nach Abzug der Clubkosten. Der Angeklagte X übergab dem Angeklagten Z später einen Betrag von vierhundert Mark. Der Angeklagte Z schätzte auf Grund des von ihm gegenüber dem Angeklagten X ausgehandelten Anteils von vierzig Prozent, dass die Zeugin mindestens eintausend Mark abgegeben haben müsse. Als er sich noch einmal in Abwesenheit des Angeklagten X in das Zimmer der Zeugin begab und diese ihm bruchstückhaft zu verstehen gab, dass der Angeklagte X ihr nichts von dem Dirnenlohn gelassen habe, weil sie Schulden bei dem Angeklagten X habe, gab der Angeklagte Z die zuvor von dem Angeklagten X erhaltenen vierhundert Mark der Zeugin zurück.

Der Zeugin war der Angeklagte Z sympathisch; sie war nach eigenem Bekunden alsbald in ihn verliebt und meinte, dies habe auf Gegenseitigkeit beruht. Dem Angeklagten Z blieb die Zuneigung der Zeugin nicht verborgen, so dass er sie in der Folgezeit auch innerhalb der Woche ohne den Angeklagten X in dem Club besuchte und ihr unter anderem Zigaretten mitbrachte. Ihm war bewusst, dass er durch sein freundschaftliches Verhalten die Zeugin dazu brachte, weiterhin der Prostitution nachzugehen. Dem Angeklagten Z war auch bewusst, dass die Zeugin noch nicht einundzwanzig Jahre alt war.

Am folgenden Sonntag suchten der Angeklagte Z und der Angeklagte X die Zeugin wieder gemeinsam auf. Geld konnte die Zeugin dem Angeklagten X nicht aushändigen, weil in dem Club angeblich Geld gestohlen worden war und die Clubbesitzerin der Zeugin daraufhin den Wochenverdienst abgenommen hatte. Nach Ablauf der dritten Woche (Anfang

Oktober 2000) erschienen der Angeklagte Z und der Angeklagte X erneut. Die Zeugin hatte jedoch nicht einmal so viel verdient, dass sie die an den Club zu zahlenden täglichen Kosten von hundert Mark aufbringen konnte. Der Angeklagte Z nahm die Zeugin daraufhin mit zurück nach D., zunächst in ein Hotel und Mitte Oktober in eine zwischenzeitlich von ihm angemietete Wohnung, aus der sie von der Polizei befreit wurde. Seitdem ist die Zeugin nicht mehr der Prostitution nachgegangen.

Der Angeklagte X wurde zu zehn Jahren, der Angeklagte Y zu sechs Jahren und der Angeklagte Z zu zwei Jahren und vier Monaten Freiheitsstrafe verurteilt. ■

Kurzer Prozess

■ Die nüchterne Sprache der Juristen in den Prozessen gegen Zuhälter und Menschenhändler suggeriert Ausgewogenheit, wenn nicht gar Verständnis für die Opfer. In Wirklichkeit tun sich die Gerichte bei den Straftatbeständen Menschenhandel, Vergewaltigung und Nötigung zur Prostitution schwer. Sie schenken den Opfern, den Zeuginnen, meist wenig Glauben. Diese sind verwirrt, beherrschen die deutsche Sprache nicht, ihre Angaben sind notgedrungen wenig zuverlässig und erbringen häufig alles andere als handfeste Beweise. Tatsächlich ist vielen Richtern einfach eher daran gelegen, das Verfahren schnell über die Bühne zu bringen. Wie sich dieses Interesse, das Verfahren zu beschleunigen, zugunsten der Täter auswirkt, zeigt ein Fall des Landgerichts Wuppertal.

Mai 2003. Dem Angeklagten, einem dreißigjährigen, in der Türkei geborenen deutschen Staatsbürger, Taxifahrer von Beruf, wird Vergewaltigung und Beihilfe zum schweren Menschenhandel vorgeworfen. Siebenundfünfzig quälende Prozesstage sind schon absolviert worden, viel zu viel für einen eigentlich klaren Sachverhalt, und noch immer scheint kein Ende in Sicht. Da entschließt sich der Angeklagte überraschend zu einem Geständnis. Das heißt: zu einem Teilgeständnis. Der Angeklagte zeigt weder Einsicht noch Reue. Er

135

spricht auch nicht selber, er lässt seinen Verteidiger reden. «Für meinen Mandanten erkläre ich: ‹Ich räume den gegen mich erhobenen Vorwurf ein.›»

Es ist nur *ein* Vorwurf, den der Anwalt meint, den der Vergewaltigung. Aber die Richterin ist mit diesem Ergebnis offenkundig zufrieden. Sie regt bei der Staatsanwältin dazu an, den zweiten, vielleicht noch gewichtigeren Anklagepunkt – die Beihilfe zum schweren Menschenhandel – fallen zu lassen. Die Staatsanwältin stimmt dem Kuhhandel zu, dem vor einem deutschen Gericht eigentlich unzulässigen «Deal» nach amerikanischem Muster, bei dem der Täter für das Teilgeständnis mit einem geringen Strafmaß belohnt wird. Die Staatsanwältin, allem Anschein nach ebenfalls über das schnelle Ende nach siebenundfünfzig Prozesstagen erleichtert, plädiert nur kurz, wenige Minuten. Die beiden Tatvorwürfe sind aber eng miteinander verknüpft. Immerhin war dem Angeklagten vorgeworfen worden, in einer Wohnung in Wuppertal eine zweiundzwanzigjährige Litauerin vergewaltigt zu haben, um sie in die Prostitution zu zwingen.

Die junge Frau hatte ausgesagt, sie sei unter falschen Versprechungen nach Deutschland gelockt worden. Sie habe mit einer anständigen Arbeit gerechnet. Sie sei dann an den Taxifahrer und an einen Komplizen für 1500 Mark verkauft worden. In einer Sauna-Bar in Velbert habe sie sich türkischen Freiern hingeben müssen. Von Velbert sei sie in die Niederlande verschleppt worden, von dort wieder nach Würselen in der Nähe von Aachen, wo sie in einer «Lolita Bar» habe anschaffen müssen.

Dieser letzte Sachverhalt ist unbestritten. Am 19. März 2001 wurde die «Lolita Bar» von der Polizei gestürmt. Der Besitzer und eine junge Tschechin wurden festgenommen. Die Litauerin erlitt einen Schwächeanfall, sie wurde in eine

Klinik gebracht. Von da an wurde sie von Lea Ackermanns Mitstreiterinnen bei SOLWODI betreut.

Gegenüber den Ermittlern schwieg die junge Frau zunächst. Sie war erst zur Aussage bereit, als sie in ein Zeugenschutzprogramm aufgenommen wurde. Über die Vergewaltigung wollte sie dennoch nicht reden. Die Ermittler stellten sie vor die Wahl: Aussage oder Abschiebung nach Litauen. Der Druck zeigte Wirkung, die Frau redete, verwickelte sich aber auch in Widersprüche. Nicht sonderlich überraschend, wenn man sich vor Augen hält, was sie durchgemacht hat.

Im Jahre 2002 war im Landgericht Aachen zunächst gegen die Besitzer der «Lolita Bar» verhandelt worden. Das Gericht schenkte dabei der zweiundzwanzigährigen Zeugin keinen Glauben. Die Gerichtsreporterin des *Spiegels*, Gisela Friedrichsen, berichtete: «Das Aachener Landgericht nahm schnell Abstand von der Zeugin ... da es um ihre Wahrheitsliebe schlecht bestellt war.» (*Spiegel*, 22/2003) Auch Gisela Friedrichsen wollte nur wenig Verständnis für die junge Litauerin aufbringen. Für sie blieb entscheidend, dass die Zeugin «offenkundig das Blaue vom Himmel» log. Die erfahrene Gerichtsreporterin war der festen Überzeugung, dass der Zeugenschutz von der jungen Frau nur für ihre Zwecke ausgenutzt wurde: «Den Aachener Richtern war der Zusammenhang mit dem Zeugenschutzprogramm klar: Erst dadurch hatte sie die Möglichkeit erhalten, in Deutschland zu bleiben, Geld zu bekommen, ohne arbeiten zu müssen, und ihre Schulbildung fortzusetzen.»

Das Wuppertaler Gericht nahm in dieser Sache eine andere Haltung ein. Es nahm die Aussagen der Zweiundzwanzigjährigen ernst. Der Taxifahrer kam auf Grund ihrer Aussage in Untersuchungshaft. Fünfzehn Monate später legte er nun das erwähnte Halbgeständnis ab. Er wurde zu zwei

Jahren und sechs Monaten verurteilt, drei Monate weniger als das von der Staatsanwältin geforderte Strafmaß – und nur knapp über der Mindeststrafe. Er durfte, da ihm die Untersuchungshaft angerechnet und die Reststrafe erlassen wurde, den Gerichtssaal als freier Mann verlassen. Nicht schlecht für einen, der eine junge Frau, fast noch ein Mädchen, vergewaltigt hatte, damit sie für ihn anschaffen ging. Ein Mädchen, das mit einem Kind in der Heimat sitzen gelassen worden war und mit vagen Hoffnungen auf ein besseres Leben in den Westen geflohen war.

Nun muss die Litauerin fürchten, von ihrem Peiniger wieder gestellt und abermals in die Prostitution getrieben zu werden. Wenn die Täter so schnell herauskommen wie der Taxifahrer, dann haben ihre Opfer nur selten die Chance, ihnen zu entkommen.

Gegen den Komplizen des Taxifahrers, einen Türken, wurde in einer anderen Kammer des Wuppertaler Landgerichts in derselben Sache verhandelt. Auch dessen Strafsache hatte sich in die Länge gezogen, fünfundfünfzig Sitzungen dauerte sie schon. Da hielt der Richter dem Angeklagten das Beispiel seines Komplizen vor. Der habe gestanden und sei jetzt auf freiem Fuß. Der Prozess hier aber könne sich noch ein Jahr oder länger hinziehen. Bei einer eventuellen Revision würde dann alles noch einmal von vorne beginnen.

Ein deutscher Richter darf so eigentlich nicht reden. Dieser Vorsitzende winkte derartig mit dem Zaunpfahl, dass er eindeutig an die Grenzen der Strafprozessordnung stieß. Denn im Grunde sagte er nichts anderes als dies: Gestehen Sie, dann kommen auch Sie frei. Nicht zu übersehen war, dass auch er das Verfahren zu Ende bringen wollte – wie auch immer, Hauptsache schnell.

Doch dieser Angeklagte war in eine juristische Falle geraten. Er konnte nicht mehr die Vergewaltigung gestehen, die hatte schließlich sein Komplize schon auf seine Kappe genommen. So behauptete er einfach, er habe die junge Frau in einem Bordell kennen gelernt, sie aus Mitleid mit zu sich nach Hause genommen, ihr aber sei seine Wohnung wohl zu ärmlich gewesen, worauf sie sich von ihm abgewandt habe.

Gisela Friedrichsen im *Spiegel* kommentierte noch vor dem Ende des Prozesses: «Vergewaltigten Frauen, so eine gängige These, werde vor Gericht noch einmal Gewalt angetan. In Wuppertal erlebt man das Umgekehrte: Hier wird der Justiz mit falschen Wahrheiten und echten Lügen Gewalt angetan.» Schuld daran seien, so die Reporterin, Zeugen- und Opferschutz. Zwar sei der Menschenhandel nur so zu verfolgen, aber durch den verhängnisvollen Missbrauch sei die gute Absicht in ihr Gegenteil verkehrt worden. Ohne SOLWODI direkt beim Namen zu nennen, verurteilte Friedrichsen die Hilfsorganisation aufs Schärfste: «Mittlerweile gibt es ein Handbuch für jene, die sich der Opfer von Gewalt und Menschenhandel annehmen – es ist eine Anleitung zur Gewinnung von Aussagen und zum Training von Frauen, die auf Vorteile ihres Opferseins hoffen.»

Als Schwester Lea Ackermann das las, war sie entsetzt. Sie, die sich vorbehaltlos der bedauernswerten jungen Frauen annimmt, sah sich und die Beraterinnen von SOLWODI als Anstifterinnen zu Falschaussagen diffamiert, sah die betreuten Opfer als raffgierig abgestempelt. Sie schrieb einen Leserbrief an den *Spiegel*, verwies darauf, dass ausländische Frauen in einem Zeuginnenschutzprogramm nicht einmal mit Sozialhilfe unterstützt, sondern wie Asylbewerber behandelt würden. Der Brief wurde nicht abgedruckt. ■

Weihnachtsfeier in Kenia

■ *Kurz vor Weihnachten 2003 reiste Lea Ackermann nach Kenia, wo sie die Frauenhilfsorganisation SOLWODI fast zwanzig Jahre zuvor gegründet hatte. Heute bietet der Verein mit acht Beratungsstellen und acht Schutzwohnungen Migrantinnen, die in Deutschland in Not geraten sind, Unterstützung. Im Jahre 2002 suchten und fanden 975 Frauen aus über neunzig Ländern Hilfe bei SOLWODI. Schuld an der Situation der Frauen ist für Schwester Lea nicht nur das materielle Elend, dem diese Frauen entstammen, sondern auch der grassierende Sextourismus weltweit. Mit Hilfe von Misereor in Mombasa konnte SOLWODI 1999 in der Archbishop Macarios Road ein Haus für Beratung, Fortbildungen und Versammlungen kaufen. Das Bundesministerium für wirtschaftliche Zusammenarbeit und Entwicklung hatte die Finanzierung übernommen. Die Gesellschaft für technische Zusammenarbeit (GTZ) wurde mit der Durchführung betraut, sie kontrolliert, beaufsichtigt und berät die Aktivistinnen von SOLWODI in Kenia. Jetzt war diese Finanzierung ausgelaufen. «SOLWODI Kenia» war gezwungen, neue Geldgeber zu finden. Auch ein Grund für Schwester Lea Ackermann, Kenia einen Besuch abzustatten. Hier ist ihr Reisebericht, der einen Einblick in die Arbeit der Hilfsorganisation geben soll.*

Ankunft am 17. Dezember 2003 um 7.35 Uhr in Mombasa, die Temperatur beträgt achtunddreißig Grad.

Elisabeth Nyambura, Fahrerin und Sozialarbeiterin bei SOLWODI, holt uns am Flughafen ab. Sie bringt uns ins Hotel «Severin Sea Lodge». Um 11.30 Uhr fahren wir zum «Star of the Sea», dem Zentrum von SOLGIDI, um mit Agnes Mailu und Bruder Frank unser Programm und die Entwicklung von SOLGIDI zu besprechen. Die beiden sind in der Loretto High School zu finden. Sie veranstalten eine Weihnachtsfeier, verleihen Preise an die besten Schülerinnen. SOLGIDI zahlt für fünfundsiebzig Schülerinnen das Schulgeld, Uniform und Schulbücher. Bruder Frank gibt an vierhundert Schülerinnen und Schüler Essen aus.

Für das Fest durften die Schülerinnen ihre Geschwister und Mütter einladen. So waren ungefähr achthundert Personen zusammengekommen. Die Leitung der Loretto-Schule stellte Aula und die sonstigen Räume zur Verfügung. Unsere Straßenkinder empfanden es als eine besondere Belohnung, dass sie in die Schule der Reichen durften und dort feiern konnten. Wir kamen gerade zur Zeit der Essensausgabe. Es gab Reis mit Fleisch und Tomatensalat und als Nachtisch einen Lutscher. Zuerst bekamen die Kinder ihre Mahlzeit, was übrig blieb, durften die Mütter nehmen. Es war genug da, alle wurden satt.

Organisiert hatte das Fest Agnes Mailu mit den ältesten Schülerinnen. Es wurden Rollenspiele geboten und Tanzdarbietungen. Es wurden Spiele in Gruppen und mit allen zusammen veranstaltet. Die Aula war voller Leben, und doch war alles sehr diszipliniert. Es zeigte sich, dass Agnes geliebt wird und anerkannt ist. Sie strahlt eine natürliche Autorität aus, und auf ein Händeklatschen hin war Ruhe. Zum Abschluss gab es noch eine Preisverleihung für die Besten und einen Trostpreis für alle. Die Preise waren handgestrickte Puppen, Kugelschreiber, Schulhefte und für jeden ein Bonbon. Alle Gaben waren im Laufe des Jahres von Besuchern gespendet worden. Es wurde gefeiert von morgens 9 Uhr bis nachmittags 17 Uhr. Dann mussten alle gehen, damit sie vor der Dunkelheit nach Haus kamen.

Wir konnten nur gegen Mittag und dann wieder um 15 Uhr teilnehmen, weil wir in der Zwischenzeit zur Beratungsstelle fuhren, um dort die Frauen von SOLWODI zu begrüßen. Einige der Mütter hatten wir allerdings schon in Loretto begrüßt. Sie sind Klientinnen von SOLWODI, und um ihre Kinder kümmert sich SOLGIDI.

Zu einem Treffen mit den SOLWODI-Frauen hatte Nyambura ihre Gruppen eingeladen. Es waren hauptsächlich die Jugendlichen in der «Peereducator»-Ausbildung, Jugendliche, die Jugendliche unterrichten sollen, aber auch die Mädchen in der Ausbildung als Friseuse, Köchin und Näherin waren gekommen. Einige Frauen aus den Supportgroups waren ebenfalls bei dem Treffen anwesend.

Rund sechzig Frauen und Mädchen hatten sich bei SOLWODI versammelt. In dieses Treffen führte Pilli – achtzehn Jahre alt (eine der Peereducators) – mit einem Tanz und einer Spielszene ein, in diesem Fall veranschaulichten zwei Gruppen die Probleme des Alkoholismus. Die eine Gruppe spricht die Hintergründe an, die andere die Auswirkungen.

Die Mutter von Pilli und ihren drei Geschwistern ist vor zwei Jahren gestorben. Pilli war damals siebzehn Jahre alt, ihre Brüder vierzehn und sieben Jahre, ihre Schwester erst fünfzehn Jahre alt. Nun musste Pilli für die Familie sorgen. Sie versuchte es mit Backen, Verkauf und mit Haareflechten. Ihre kleine Schwester versuchte, Geld in der Prostitution zu verdienen, und wurde schwanger. Nun muss Pilli auch noch für dieses Kind sorgen. Sie machte eine Ausbildung als Friseuse und möchte sich mit einem eigenen Salon selbständig machen. Durch eine regelmäßige Spende aus Deutschland können die Brüder zur Schule gehen. Pillis Bemühungen zur Selbständigkeit werden dadurch ebenfalls möglich.

Ich habe mit der Gruppe über ihre Erfahrungen mit SOLWODI gesprochen. Was war gut? Wo hat es gehakt? Was wünschen sie sich für die Zukunft?

Gut und sehr gut fanden sie, dass sie sehr viel bei SOLWODI gelernt haben. In der Tat sind fast alle unsere Frauen nicht oder nur drei bis vier Jahre zur Schule gegangen. Damit hätten sie keine Chancen auf eine spätere Fortbildung. Sie hatten auch niemanden, mit dem sie über ihre Probleme sprechen konnten. Bei SOLWODI hatten sie immer Kurse zu einzelnen Themen besuchen können, wie Krankheit, Gesundheit, Hygiene, Ernährung, Schutz vor Aids, Business-Kurse etc. Diese Hilfe für den Alltag schätzen sie sehr. Regelmäßige Treffen zur Fortbildung waren allen Frauen sehr wichtig.

Allerdings hatten sie auch Negatives anzumerken. Sie sparen Geld in den Supportgroups und rechnen nun seit mehreren Monaten mit einem Darlehen, aber das wird nicht ausbezahlt, bis alle Mitglieder frühere Darlehen zurückgezahlt haben. Dabei sind einige dieser Mitglieder schon verstorben, und es gibt neue Schwierigkeiten. Dringend notwendig ist somit die Auszahlung von Darlehen.

Ein anderes Problem ist, dass Prüfungsgebühren nicht bezahlt werden konnten. Einige junge Mädchen haben Kurse besucht, und plötzlich war kein Geld da für die Abschlussexamen oder für das nötige Arbeitsmaterial. So mussten die Näherinnen ihren Stoff und Faden selbst mitbringen, wenn sie ein Kleid in der Prüfung zu nähen hatten. Ich war sehr überrascht zu erfahren, dass diese jungen Frauen neun Monate einen von SOLWODI finanzierten Kurs besuchten und dann bei SOLWODI angeblich kein Geld für den Abschluss zur Verfügung stand.

Außerdem gab es einige Schwierigkeiten wegen der Fahrtkosten. Einige Schülerinnen mussten ihren Kurs abbrechen, weil die Mütter kein Geld mehr für den täglichen Transport aufbringen konnten.

Lucy, eine Frau von SOLWODI, hat besondere Probleme, weil ihr Haus im Begriff ist einzustürzen. Wir haben sie besucht und können nur bestätigen, dass sie sich zu Recht Sorgen macht.

Lucy ist vierzig Jahre alt. Sie war verheiratet und hat fünf Kinder im Alter zwischen dreizehn und fünfundzwanzig Jahren aus dieser Ehe. Die achtzehnjährige Tochter hat gerade die Berufsausbildung als Friseuse durch SOLWODI abgeschlossen. Sie hat sich schon bei verschiedenen Salons beworben, leider ohne Erfolg. Sie würde sich gerne selbständig machen, braucht dazu aber Geld. Die dreizehnjährige Tochter geht, dank SOLGIDI, zur Schule. Lucy hat aber auch schon vier Enkel und Nichten. Der Ehemann von Lucy wurde im Laufe der Jahre immer gewalttätiger (einige Narben sind in Lucys Gesicht zu sehen), er wollte sie umbringen. Sie ist mit ihren Kindern geflohen und stand vor dem Nichts. Um ihre Kinder zu ernähren, verdiente sie sich das Geld in der Prostitution. Sie versuchte auch immer einen kleinen Handel mit gebratenen Kartoffeln und mit Secondhand-Kleidern. Sie konnte sogar ein kleines Grundstück erwerben und ein Einzimmerhaus bauen.

In letzter Zeit aber hatte sie oft Pech. Ihr Handel ging zurück. Zwei ihrer Töchter bekamen Kinder, für die sie nun auch noch zu sorgen hat. Und das Haus steht, wie gesagt, kurz vor dem Einsturz. Ich hatte Angst, dass es während unseres Besuches einstürzt. Ihr Sohn hat einen Führerschein, aber da er keine Fahrpraxis hat, will ihn niemand einstellen. Alle, außer dem Sohn und der ältesten Tochter, wohnen in dem einsturzgefährdeten Haus zusammen. Mir waren dreihundertfünfzig Dollar geschenkt worden – «für Kinder» –, und ich habe das Geld diesem kinderreichen Haushalt gegeben.

Die Sozialarbeiterin will helfen, dass damit der Grundstein für ein neues Haus gelegt werden kann. Für ein neues Haus braucht sie aber sicher noch 2500 Euro. Das wissen wir aus Erfahrung mit dem Hausbau von Wambui. Wambui hat für zwei eigene Kinder und vier Geschwister zu sorgen, weil ihre Mutter verstorben ist. Sie hat nun ein Haus mit vier Zimmern gebaut – für insgesamt 2800 Euro.

Der Ankunftstag nach einer durchwachten Nacht im Flugzeug war also gut ausgefüllt. Um 19 Uhr waren wir im Hotel, um 19.30 Uhr gab es Abendessen, und danach fiel ich ins Bett.

Donnerstag, den 18. Dezember 2003. Um 8 Uhr kommt Nyambura, um uns abzuholen.

Die Sozialarbeiterinnen sind alle da: Elisabeth Akinyi, Elisabeth Nyambura, Shadja und Lilly Kaveza, die Sekretärin.

In der Versammlung werden die Probleme angesprochen: Margareth, die Putzfrau, und Elisabeth Nyambura haben voll gearbeitet und drei Monate kein Gehalt bekommen. Auch der Sicherheitsdienst, der Tag und Nacht das Haus und Gelände bewacht, muss für vier Monaten nachbezahlt werden. Eine Organisation, Family Health International, hat SOLWODI ein Projekt übertragen: Peereducator-Ausbildung in Malindi und in Mtuhapa. Diese trägt einige der Gehälter der Mitarbeiterinnen. Zu dem Geldmangel war es gekommen, weil die

Managerin es versäumt hatte, die Steuer für die Eintragung als «Non-Governmental Organization» (NGO) zu zahlen und die NGO vorübergehend die Anerkennung verlor. Das war wiederum der Grund, weshalb die Gesellschaft für technische Zusammenarbeit (GTZ) die ausstehenden Gelder nicht zahlte. Es erwies sich als sehr aufwendig, die Anerkennung und Registrierung wiederzubekommen.

Weil die Managerin im Büro kaum anwesend war, hatten die Mitarbeiterinnen keine Ansprechpartnerin, um Probleme zu besprechen. Trotzdem haben sie die viele Arbeit gut erledigt. Die erste Vorsitzende hat viele positive Rückmeldungen, vor allem aus Malindi, wo eine Sozialarbeiterin, Shadja, mit einer Praktikantin selbständig das ganze Programm von SOLWODI durchzieht. Shadja fand Unterstützung bei Lucy Kina, einer Rechtsanwältin, und Patience Sibi, der Managerin einer Näherei in Malindi. Dort kann sie unentgeltlich einige junge Mädchen zur Ausbildung unterbringen. In Malindi wurde auch ein zweites Projekt von Unicef bezuschusst.

Insgesamt haben die Sozialarbeiterinnen daraus gelernt, dass sie eigentlich gar keine Managerin brauchen. Sie meinen, es wäre gut, wenn einer von ihnen die Leitung übertragen würde.

Die Sozialarbeiterinnen finden, dass auch in den neuen Vorstand Leute sollten, die praktische Arbeit kennen. Ich versprach, mich für ihre Personalvorschläge einzusetzen. Die Sozialarbeiterinnen wollten die Mitglieder informieren. Seit dem vergangenen Jahr können die Klientinnen von SOLWODI Mitglieder in der Organisation werden und den Vorstand wählen. Das war auf Veranlassung der GTZ geschehen. Sie zahlen einen Mitgliedsbeitrag von hundert Kenia-Shilling, das entspricht 1,20 Euro. Insgesamt sind dreiundachtzig Mitglieder registriert und haben ihren Beitrag gezahlt. Sie können allerdings nicht den Vorstand bilden, weil sie von SOLWODI profitieren.

Nach dem Gespräch mit den Sozialarbeiterinnen hatte ich Gelegenheit, gemeinsam mit der Betreuerin Akinyi die Rückkehrerinnen Theresa A. und Regina W. zu sprechen. Außerdem war der Sohn von Catharina S. gekommen. Die Mutter war offenbar zu betrunken, um selber zu kommen.

Theresa A. macht einen sehr guten Eindruck. Akinyi bestätigt, dass sie sehr zuverlässig ist. Sie besucht seit November einen Lehrgang, den Professional Counsellors Course, hat ihn abgeschlossen. Das Zertifikat war noch nicht ausgestellt, weil der Kurs noch nicht bezahlt war. Ich konnte ihr nun die finanzielle Orientierungshilfe, die wir Rückkehrerinnen gewähren, für drei Monate aushändigen. Sie brachte schon am nächsten Tag das Zertifikat.

Theresa A. ist die jüngste von zehn Kindern einer Bauernfamilie. Sie ist geschieden, ihr Mann war schwerer Alkoholiker. Sie hat vier Kinder aus dieser Ehe. Sie ist als Krankenschwester ausgebildet. Von einer Cousine war sie seinerzeit nach Deutschland eingeladen worden. Theresa A. verdiente nicht genug Geld in Kenia, um ihre Kinder zu ernähren und deren Ausbildung zu bezahlen. Sie glaubte, in Deutschland als Krankenschwester arbeiten zu können. In Deutschland konnte sie aber weder eine Weiterbildungsstelle noch eine Anstellung in einem Krankenhaus finden. Die Cousine hatte keinen Platz für sie, und nach Ablauf des Visums war sie illegal. Sie wohnte in verschiedenen kenianischen Haushalten und verdiente ein wenig Geld mit Putzen und vermutlich auch durch Prostitution. Im Oktober wandte sie sich an SOLWODI. Sie wollte schnellstmöglich nach Kenia zurück, da ihr Bruder gestorben war, bei dem ihre Kinder untergebracht waren. Sie reiste überstürzt ab, meldete sich wieder bei SOL-

WODI, als sie in Mombasa war, und bat um Aufnahme in das Reintegrationsprogramm. In Mombasa hat eine frühere Kollegin sie zu einem Kurs eingeladen – Ausbildung zur SOLWODI-Beraterin. Theresa A. hat, nachdem sie den Zertifikatkurs planmäßig abgeschlossen hat, auch wieder eine Arbeit in einem Krankenhaus gefunden.

Regina N. hat einen Raum für ihr Geschäft angemietet. Sie will im Januar mit dem Verkauf beginnen. Trotz ihrer Krankheit geht es ihr zurzeit sehr gut. Sie hat regelmäßig den Kurs besucht und abgeschlossen. Sie hat das Zertifikat des Business-Kurses vorgelegt. Der Ausbilder hat ihr geholfen, einen geeigneten Ort für ihr Geschäft zu finden, und ihr geraten, mit dem Verkauf von Getreide zu beginnen. Der Rat ist begründet durch eine Marktanalyse. Ein Geschäftsplan wurde erstellt. Für die Miete habe ich zwölftausend Shilling, also hundertdreißig Euro (eine Monatsmiete von viertausend Shilling und zwei Monatsmieten von zusammen achttausend Shilling als Kaution) gezahlt.

Regina N. saß in Deutschland in Abschiebehaft, als wir von ihr hörten. Sie und ihre sieben Geschwister hatten sehr früh die Eltern verloren. Sie konnte nur bis zur 5. Klasse die Schule besuchen, da das Geld für die weiterführende Schule fehlte. Sie hatte auch keine Berufsausbildung. So versuchte sie, am Strand Tücher zu verkaufen. Sie hat zwei Kinder, das erste Kind lebt bei dem Vater, das zweite Kind lebt bei ihr. Eine Freundin, die in Deutschland lebte, lud sie ein, dorthin zu kommen. Diese Freundin versprach Regina N. eine gut bezahlte Arbeit als Zimmermädchen. In Wirklichkeit brachte sie sie in die Prostitution. Regina N. wurde bei einer Razzia der Polizei aufgegriffen. Nach ihrer Rückkehr hat Regina N. sofort zu SOLWODI Kontakt aufgenommen. Ihr ging es zu dieser Zeit sehr schlecht – sie war krank, hat sich aber allmählich erholt und will sich nun mit dem eigenen Geschäft selbständig machen.

Catharina S. hat sich mit ihren Problemen in den Alkohol geflüchtet. Sie hat sehr aggressiv ihr Geld eingefordert und die Mitarbeiterinnen bedroht, so dass die Polizei eingeschaltet werden musste. Akinyi hatte ihr die Orientierungshilfe von hundertfünfzig Euro nicht wie vorher ausgemacht in Raten, sondern gleich als gesamten Betrag ausgezahlt. Catharina S. hat darauf eine Fete veranstaltet und alles ausgegeben. Akinyi ist sich unsicher, wie sie sich weiter verhalten soll. Der Sohn von Catharina S. ist arbeitslos. Aber er machte auf mich den Eindruck, dass er zusammen mit seiner Mutter vielleicht doch ein Geschäft gründen könnte. Akinyi erzählte mir später, dass auch er trinkt und die ganze Familie alkoholkrank ist. Ich finde, das geplante Projekt sollte nicht weiter verfolgt werden, es sei denn, die Mutter unternimmt etwas gegen ihre Krankheit.

Catharina S. kam aus armen Verhältnissen. Sie besuchte die Schule, konnte aber aus finanziellen Gründen auf keine weiterführende Schule gehen. Noch als junges Mädchen wurde sie schwanger und brachte einen Sohn zur Welt, der Vater war zu dieser Zeit schon aus ihrem Leben verschwunden. In einem Hotel in Kenia lernte sie einen Deutschen kennen, der sie heiratete. Ihren Sohn wollte sie später nachholen. Das war aber dann nicht mehr möglich. Nach vier Jahren trennte sie sich von diesem Mann und lernte einen neuen Mann kennen und heiratete ihn. Dieser Mann war gewalttätig und zwang sie in die Prostitution. Als ihr Mann auch ihre Schwiegermutter zusammenschlug, hielt sie es nicht mehr aus und beschloss, sich von ihm scheiden zu lassen. Der Mann war damit aber nicht einverstanden, er verfolgte sie. Er geriet immer tiefer in den Alkoholismus, nahm auch Drogen.

Als ihre Schwiegermutter, zu der sie ein freundschaftliches Verhältnis hatte, starb, war Catharina S. so einsam, dass sie wieder nach Kenia zurück wollte. Ein schweres Krebsleiden und eine Totaloperation waren weitere schwere Schläge für sie. Nach der Krankheit fand sie keine Arbeit mehr als Putzfrau. So entschloss sie sich, zurückzugehen – zu ihrem Sohn und ihrer Familie. Als sie zurückkam, war sie jedoch für ihren inzwischen neunundzwanzigjährigen Sohn eine Fremde, und außer einer Cousine lebte von ihrer Verwandtschaft niemand mehr. Sie hat große Probleme mit ihrer neuen Situation in Mombasa. Seither trinkt sie.

Auch dieser Tag fand einen späten Abschluss. Es war schon dunkel, als wir ins Hotel kamen.

Freitag, den 19. Dezember 2003. 7.30 Uhr Frühstück, um 8 Uhr wartet Elisabeth, um uns ins SOLWODI-Zentrum zu bringen. Heute ist um 9 Uhr Vorstandssitzung. Die Sitzung endet um 15 Uhr. Wir haben ohne Pause durchgemacht.

Nach der Sitzung war uns allen klar, dass die Managerin entlassen werden muss. Mary sprach es aus, und wir stimmten zu. Mary schrieb die Entlassung und unterschrieb. Alle drei sind wir uns einig, dass SOLWODI keine Managerin braucht, sondern eine Leiterin, die selber in der Sozialarbeit tätig ist. Alle drei finden wir für diesen Posten Akinyi geeignet. Diesen Vorschlag hatten die Sozialarbeiterinnen ja auch gemacht.

Um den nächsten Tag vorzubereiten, fahre ich noch zu einem Gespräch mit Bruder Frank. Es geht um weitere Mitgliedschaften bei SOLWODI. Eine Sozialarbeiterin aus Amerika, die ehrenamtlich mit ihrem Mann Bruder Frank unterstützt, erklärt ihre Bereitschaft, bei SOLWODI in der Beratung der Frauen, aber auch als Hausmeisterin mitzuarbeiten. Gerade diese letzte Aufgabe ist sehr wichtig, damit das Haus gut in Schuss bleibt. Ihr Mann bleibt als Laienmissionar bei Bruder Frank, aber sie will lieber in einer Frauenorganisation wie SOLWODI arbeiten. Bruder Frank meint übrigens auch, SOLWODI brauche eigentlich keine Managerin. Es ist wieder spät, als wir ins Hotel kommen. Abendessen und Bett – mehr ist nicht drin.

Samstag, den 20. Dezember 2003. Heute fahren wir eine halbe Stunde früher, denn die Mitgliederversammlung beginnt schon um 8.30 Uhr. Die Halle im SOLWODI-Haus ist längst voll, obwohl die Frauen von weit her kommen. Bruder Frank, Agnes und die Amerikanerin Laura sind ebenfalls da. Der Arzt war gekommen und die Rechtsanwältin aus Mombasa, auch die Managerin der Nähwerkstatt aus Malindi war da. Es waren noch einige Gäste anderer Organisationen anwesend, die mit uns zusammenarbeiten, und ein Journalist.

Heute ist ein großer Tag für SOLWODI, die erste Mitgliederversammlung dieser Art. Diese Versammlung wird später den Vorstand wählen. Mary Stevens eröffnete die Veranstaltung und stellte SOLWODI vor. Ich referierte über die Anfänge. Für die Wahl hatten wir acht Kandidaten und Kandidatinnen, von denen fünf gewählt werden sollten. Außerdem sollten wegen der Kontinuität zwei Mitglieder des alten Vorstandes beibehalten werden.

Es wurden gewählt: die Rechtsanwältin Viktoria Nzioki zur Ersten Vorsitzenden, ich selber zur Zweiten Vorsitzenden, ferner Lucy Kina, Agnes Mailu, Bruder Frank und Dr. Kahindi.

Alles hatte sich nun gut gelöst.

Am Nachmittag veranstalteten wir noch eine Weihnachtsfeier mit den Sozialarbeiterinnen, der Sekretärin und der

Putzfrau. Alle waren wie erlöst. Die Sozialarbeiterinnen sagten immer wieder, dass sie es kaum fassen könnten und zu träumen glaubten. Nun würden sie sich noch stärker einsetzen. Es werde weniger Frustrationen geben, die Arbeit würde nicht mehr so behindert werden.

Alle sind glücklich und sogar ein wenig übermütig. Verrückt, denke ich, obwohl wir jetzt kein Geld mehr haben und uns richtig krumm legen müssen, um die Armutsbekämpfung zu finanzieren.

Es ist eine wunderschöne Weihnachtsfeier, religiös bunt gemischt: Katholikinnen, Anglikanerinnen, Freikirchlerinnen und Musliminnen – wir singen und beten gemeinsam.

Da es wieder spät ist, können wir nur noch Emily und Pilli besuchen. Es ist bedrückend, in der Dunkelheit in einen Slum zu kommen – matschige Wege, nur ab und zu ein paar Leute mit Petroleumlampen, Gruppen, die kaum zu erkennen sind, kleine Feuer vor den Haustüren ...

Die sechsundzwanzigjährige Emily ist bereits eine alte Bekannte, ich besuche sie jedes Jahr. Ihre Mutter ist gestorben, als Emily achtzehn Jahre alt war. Emily hatte zu dieser Zeit zwei eigene Kinder und übernahm als Älteste ihre vier Geschwister. Emily kämpft seither, dass ihre Geschwister zur Schule gehen können, dass sie zu essen haben und dass sie medizinisch versorgt werden. Sie hat einige Kurse bei SOLWODI mitgemacht. Morgens arbeitet sie als Köchin und bereitet Essen vor, das sie dann auf Baustellen an die Arbeiter verkauft. Sie hat sich dazu eine Schubkarre angeschafft. Nachmittags verkauft sie Secondhand-Kleidung. Im vergangenen Jahr hatte sie Schwierigkeiten mit ihrem Nachbarn, der auf ihrem kleinen Grundstück bauen wollte. SOLWODI hat damals eine Rechtsanwältin eingeschaltet und konnte das verhindern. Aber Emily war nun in Angst. Sie sagte, wenn sie zwei Räume anbauen könne, dann wäre der Nachbar nicht mehr versucht, ihren kleinen Garten zu vereinnahmen. SOL-WODI hat ihr dafür ein Darlehen in Höhe von zweitausend Euro gewährt. Jetzt sehe ich zu meiner großen Überraschung und Begeisterung ein zweites Haus mit vier Räumen, das sie mit diesem Geld gebaut hat. Zwar ist es ein Lehmhaus, aber außen ist es mit einem Gemisch aus Sand und Zement verputzt, die Zimmer sind ebenfalls verputzt, und das Haus hat ein Blechdach. Nun plant Emily noch, eine Toilette zu bauen, denn sie haben nur ein Loch mit Balken, abgetrennt mit Säcken als Vorhang.

Pilli hat ebenfalls gut gearbeitet und führt uns in ihr Zimmer. Sie will nun einen eigenen Friseursalon aufmachen. Für die Geschäftsgründung bekommt sie ein Darlehen von 36 000 Shilling, knapp vierhundert Euro. Sie hatte bereits eine Liste aufgestellt, was sie alles für den Anfang benötigt.

Es ist sehr spät als wir nach Hause kommen, aber wir bekommen doch noch etwas zu essen. Dann ins Bett, ich falle in einen tiefen Schlaf.

Sonntag, den 21. Dezember 2003. Weil heute Sonntag ist, fahren wir mit einem Taxi zur katholischen Kathedrale und erleben einen langen, gut besuchten Gottesdienst mit rhythmischen, afrikanischen Liedern.

Nach dem Gottesdienst besuchen wir mit Agnes meine Mitschwester Cäcilia, die bei den «Little Sisters of the Poor» in einem Altenheim lebt. Sie ist achtundsiebzig Jahre alt, in Mombasa geboren. Wie ihre Eltern war sie ursprünglich Parsin, also Angehörige jener Religion, die auf Zarathustra zurückgeht. Sie konvertierte dann und trat bei uns ein. Als unsere Schwestern sich in diesem Jahr aus Mombasa zurückzogen, blieb sie. Sie wollte im Alter nicht in London leben.

Dort sei es ihr einfach zu kalt. Sie ist sehr zufrieden bei den «Kleinen Schwestern der Armen». Das Altenheim nimmt nur Alte auf, die niemanden haben, der sich um sie kümmert. Sr. Cäcilia, die sie schon lange kannten, haben sie gerne aufgenommen. Sie geht noch heute jeden Tag zur Hochschule, gibt Klavierunterricht und Nachhilfe in englischer Sprache.

Wir gehen mit ihr zum Mittagessen ins «Nyali Beach»-Hotel, in der Nähe der Stadt am Strand. «Ihr» Restaurant, das von Indern geführte «Sheney», ist leider am Sonntag geschlossen. Sr. Cäcilia ist eine kleine, zarte, aber energische Person und sehr beliebt. Nach dem Mittagessen besuchen wir zusammen mit Agnes die Kinder von SOLGIDI in ihren Familien.

Die Familien leben in unglaublicher Armut. Die Mütter sind sehr froh, dass durch SOLGIDI die Mädchen zur Schule gehen können. Es ist der Traum aller Mütter, dass die Kinder Lesen und Schreiben lernen. Sie leiden darunter, dass sie selber es nicht gelernt und dadurch kaum Chancen auf bezahlte Arbeit haben. Die meisten von ihnen betreiben einen kleinen Handel, mehr zur Tarnung, um sich nicht als Prostituierte outen und ihren Kindern nicht früh von ihrer eigentlichen Arbeit berichten zu müssen. Überall erzählen die Mütter, wie froh die Kinder vom Fest heimkamen. Nicht alle Mütter konnten das Fest besuchen, weil sie die Transportkosten nicht bezahlen konnten. Eine Fahrt mit dem Bus «Matatu» kostet zwanzig Shilling – umgerechnet zwei Cent.

Als wir ins Hotel zurückkommen, sind wir zum ersten Mal rechtzeitig da, um noch eine halbe Stunde schwimmen gehen zu können. Dann führen wir noch ein langes Gespräch mit Agnes und laden sie zum Abendessen ein. Ich danke ihr herzlich für ihren Einsatz.

Montag, den 22. Dezember 2003. Unser letzter Tag in Mombasa. Wir wollen ihn nutzen, um die Altstadt zu besichtigen. Wir besuchen noch einmal Lucy. Fahren dann in die Werkstätte der Akamba und kaufen von ihnen Schnitzereien. Schließlich ein weiteres Gespräch im Haus von SOLWODI. Zum Abendessen laden wir Nyambura ein. Sie hat uns die ganzen Tage durch den dichten Verkehr und auf unmöglichen Wegen und Straßen chauffiert.

Dienstag, den 23. Dezember 2003. Tag der Heimreise. Nyambura holt uns schon um 7 Uhr ab, damit wir rechtzeitig um 8 Uhr am Flughafen sind. Dort erfahren wir, dass der Flug eine Stunde Verspätung hat, weil in Frankfurt Schnee liegt. Um 11 Uhr fliegen wir ab. Von den dreihundert Plätzen sind nur siebzig besetzt – ich kann mich über vier Sitze legen und ausschlafen. Gegen 22 Uhr sind wir zu Hause angekommen. Nun können wir uns auf Weihnachten vorbereiten. ∎

Der Berliner Dom im Burgenland

■ Angestrengt starrt der österreichische Gendarm auf die beiden Monitore. Er sitzt in einem VW-Bus, einem mit modernster Technik ausgerüsteten Fahrzeug, das die amtliche Zeitschrift des Wiener Innenministeriums, die *Öffentliche Sicherheit*, schlicht «Schengen-Bus» nennt. Auf dem Dach ist eine Wärmebildkamera installiert, ähnlich jenen Nachtsichtgeräten, die Elitetruppen wie die amerikanischen Special Forces in Afghanistan und im Irak einsetzen. Der junge Gendarm bedient die Kamera mit einem Joystick. Wie ein Kanonier kann er sein Aufspürgerät auf einzelne Ziele fixieren. Wenn sie sich bewegen, schrillt ein Warnsignal. Auf den Monitoren sind grünliche Umrisse zu erkennen, von allem, was wärmer als die Umwelt ist – Autos, Menschen.

Auch das grüne Flimmern auf den Monitoren wirkt martialisch. Es erinnert an die Fernsehbilder von den Luftangriffen in den Kriegen gegen die Taliban und die Diktatur des Saddam Hussein. Aber der «Schengen-Bus» ist nicht auf einem der Schauplätze des weltweiten Kriegs gegen den Terror, nicht in den afghanischen Bergen und auch nicht in der irakischen Wüste abgestellt. Er steht auf einem beschaulichen Feldweg mitten im friedlichen Europa. Genauer gesagt: im äußersten Osten Österreichs, im Burgenland.

Es ist Herbst. Der Herbst des Jahres 2001. Morgens, wenn die Sonne zu wärmen beginnt, steigt von den Äckern leichter Nebel auf. Die Weinlese ist im vollen Gange. Spätabends noch tuckern die Traktoren mit schwer beladenen Anhängern zu den Gehöften, wo die Trauben gepresst werden und zum «Sturm» gären, dem Noch-nicht-Wein mit der berauschenden Wirkung. Hier herrscht kein Krieg. Oder doch?

Jedenfalls geht es um die Folgen von Krieg und Terror. Seit dem 11. September, dem Tag des Anschlags auf das World Trade Center und das Pentagon, sind auch Österreichs Gendarmen besonders wachsam. Der Strom afghanischer Flüchtlinge ist stärker geworden. Zu dieser Zeit haben die Amerikaner noch nicht die Taliban besiegt. Es kommen die Opfer des fundamentalistischen Kabuler Regimes und des Krieges. Aber vielleicht kommen auch als Asylbewerber getarnte Terroristen, und die gilt es herauszufischen. Knapp einen Kilometer vom Standort des aufgerüsteten Busses entfernt verläuft die österreichisch-slowakische Grenze. Sie ist keine Grenze wie andere Grenzen, sie ist eine Schengen-Grenze. Wer es schafft, sie zu überqueren, dem steht das westliche Europa offen. Das Reisen ohne Binnengrenzen ist die Sonnenseite Schengens. Die Schattenseite ist der kaum noch zu überbietende Aufwand, mit der die Außengrenzen gegen Flüchtlinge, Asylbewerber, illegale Einwanderer abgeschottet wurden. Noch im Sommer 2001 hatten Kritiker des Schengen-Systems die Frage gestellt, ob der ganze Aufwand wirklich zu vertreten sei. Ob nicht gerade die Abschottung die kriminellen Schlepperdienste erst möglich mache und letztlich auch für die Todesopfer, vor allem an den Küsten, verantwortlich sei.

Doch nach dem 11. September verstummten diese Stimmen. Eine neue, sehr konkrete Furcht breitete sich aus: Kommen Terroristen auf denselben Wegen nach Europa wie das

Heer der Asylsuchenden und der illegalen Immigranten? Ebenso schnell setzte sich die bittere Erkenntnis durch, dass die Suche nach einem islamistischen Gotteskrieger unter den Grenzgängern völlig aussichtslos ist. Ein Anhänger von Osama bin Laden unterscheidet sich äußerlich durch nichts von einem jener afghanischen Flüchtlinge, die versuchten, der Schreckensherrschaft der Taliban zu entkommen. Dennoch versicherten damals leitende Beamte im Bundesinnenministerium in Berlin, die bereits mit einem «großen Treck der Afghanen» rechneten, das «Bewusstsein» der Beamten an den Grenzen, nicht nur an den deutschen, sei «geschärft». Vorsorglich wurden die «lageunabhängigen Binnenkontrollen» deutlich verstärkt. Genaues wollte keiner sagen.

Der große Treck aus Afghanistan blieb aus. Es kamen wohl etliche nach Österreich, aber nur wenige nach Deutschland. Und mit der Zeit kehrte wieder eine gewisse Gelassenheit an der österreichischen Ostgrenze ein. Trotz der sich dann lang hinziehenden Befriedung Afghanistans und des nicht enden wollenden Irakkriegs war die Kopplung zwischen Schutz der Außengrenzen und innerer Sicherheit kein Thema in den Schengen-Staaten, jedenfalls keins, das Schlagzeilen machte. Das blieb so bis zum 11. März 2004, dem Tag, als Terroristen die Vorortzüge in Madrid sprengten, dabei 201 Menschen töteten und mehr als tausend verletzten. Als offenbar wurde, dass der islamistische Terror nun definitiv in Europa angekommen war, wurde auch die Frage wieder aufgeworfen, ob in den Strömen der illegalen Einwanderer nicht auch Terroristen mitschwämmen, zu allem bereite Fundamentalisten, die sich als «Schläfer» zunächst an einem Ort unauffällig niederließen, um dann urplötzlich loszuschlagen.

Und es wurde noch mehr offenbar nach jenem 11. März 2004. Der deutsche Außenminister Joschka Fischer, der zum

Kondolieren nach Madrid gereist war, wo die Regierung Aznar aus wahltaktischen Gründen so entschieden auf die baskische ETA wies – Fischer wusste: «Wir haben ein europäisches Sicherheitsproblem.» Dafür müssten europäische Lösungen gefunden werden. Dass es just an diesen mangelte, machte Fischers Kabinettskollege und einstmaliger Parteifreund der Grünen, der zur SPD übergetretene Otto Schily deutlich: «Das Informationsverhalten der spanischen Regierung war nicht optimal.» So bezeichnete Schily in gewohnt unterkühlter Weise, was tatsächlich nur als verheerend zu bewerten war: Mit ihrem «Informationsverhalten» hatte die spanische Regierung ihre europäischen Partner – wie auch die Vereinten Nationen – bewusst in die Irre geführt, hatte neue Erkenntnisse zurückgehalten und vermutlich gezielt Unwahrheiten verbreitet.

Belgiens Premier Guy Verhofstadt hatte nach den Terroranschlägen in den USA den Aufbau eines eigenen europäischen Nachrichtendienstes vorgeschlagen. Und ebenso schnell hatte Bundeskanzler Gerhard Schröder die Idee mit den Worten «eine ferne Theorie» abgetan. Beschlossen wurde immerhin ein europäischer Haftbefehl. Doch zur Zeit des Terroranschlags in Madrid war dieser längst noch nicht überall in Kraft getreten, auch in Deutschland nicht. Was den deutschen Bundeskanzler nicht daran hinderte, bei der Eröffnung der Bundesakademie für Sicherheitspolitik in Berlin, eine Woche nach dem 11. März, zu verkünden: «Die Menschen in Europa leben in einem gemeinsamen Raum der Sicherheit, der Freiheit und des Rechts.» Und er fuhr fort: «Damit das so bleiben kann, muss dieser europäische Raum vor allem durch präventive Maßnahmen geschützt werden. Dazu gehört eine intensive Zusammenarbeit der Sicherheitsbehörden in Europa.»

Just in dem Moment gerieten aber die Beratungen zwischen Regierung und Opposition über ein Zuwanderungsgesetz für Deutschland wieder einmal ins Stocken. Die unionsgeführten Bundesländer forderten eine noch härtere Linie für die Ausweisung von Personen, von denen eine Gefahr für die Sicherheit ausgehe. Man nahm an, dass sich etwa hundertfünfzig bis zweihundert potenzielle, in Terrorcamps ausgebildete Attentäter in Deutschland aufhielten. Und auch Schily hatte gesagt: «Wer in den Trainingslagern in Afghanistan war, hat kein Recht zu bleiben.» Doch allen Sicherheitsexperten und Juristen war bewusst, dass es überhaupt keiner neuen Gesetze bedurfte, um den Rauswurf solcher Radikaler zu beschleunigen. Es mangelt nicht an Gesetzen. Es mangelt an Möglichkeiten, die Gefährdung zu beweisen. Längst erlaubt das Ausländerrecht, jegliche Personen auszuweisen, die eine Gefahr für die Sicherheit sind. Doch die Erkenntnis, dass eine solche Gefahr vorliegt, stammt zumeist von Geheimdiensten. Und diese sind äußerst zögerlich, ihre Quellen vor Gerichten auszubreiten. Überdies verbietet ein humanitärer Grundzug des deutschen Rechts eine noch weitere Erleichterung der Ausweisung: Es darf niemand in sein Heimatland abgeschoben werden, wenn ihm dort Folter oder der Tod drohen. Aber es ist damit zu rechnen, dass radikale Islamisten in Ländern wie Ägypten, Marokko oder Syrien just dem ausgesetzt werden. So sind dem Selbstschutz Grenzen gesetzt, die in einer liberalen Rechtsstaatlichkeit ihre Grundlagen haben, Prinzipien, die aufzugeben erst recht einen Sieg des Fundamentalismus über die Demokratie bedeutete.

Aber auch bei der alltäglichen grenzpolizeilichen Taktik wurden größte Probleme offenbar. Unter dem Eindruck des 11. September 2001 hatte Otto Schily damit begonnen, biometrische Verfahren zur Personenerkennung einzuführen. Der deutsche Innenminister drängte auch die EU-Partner. Er wurde zum prominentesten Antreiber für Verfahren wie die Gesichtserkennung, die Iriserkennung, den Fingerabdruck verbunden mit Computerchips, die solche Informationen in Pässen und Visa speichern sollen. Schon dreizehn Wochen nach den Anschlägen in New York und Washington war ein Terrorismusbekämpfungsgesetz des Innenministers vom Deutschen Bundestag verabschiedet worden. Zu anderen Zeiten hätten Datenschützer aufs Schärfste gegen ein solches Gesetz protestiert. Unter dem Eindruck der terroristischen Bedrohung aber wagte das niemand. Seither ist in Deutschland die Speicherung von Gesichtsmerkmalen und Fingerabdrücken in Ausweispapieren generell erlaubt.

Die neue Technik wurde erprobt. Bezeichnenderweise bei Menschen, die es aus der Ferne nach Deutschland zog. Von Mai bis November 2002 mussten sich zweihundert Nigerianer, die bei der deutschen Botschaft in Lagos ein länger geltendes Visum beantragten, ihre Fingerabdrücke elektronisch abnehmen lassen. Dazu mussten sie alle zehn Finger auf einen Scanner legen. Ihre Abdrücke wurden elektronisch zum Bundeskriminalamt in Wiesbaden geschickt, dort mit den Datenbänken von Verbrechern und Asylbewerbern abgeglichen. Und siehe da: Rund siebzig der Antragsteller in Lagos hatten einen falschen Namen angegeben. Sie waren schon einmal in Deutschland als Asylbewerber abgelehnt oder wegen irgendwelcher Delikte auffällig geworden. Das Innenministerium war sehr zufrieden mit dieser Art präventiver Fahndung, die zur Ablehnung so vieler Visa-Anträge führte. Es forderte das Auswärtige Amt auf, die Fingerabdruck-Scanner auch in anderen Botschaften zu installieren, und wollte in Lagos ein zweites Pilotprojekt beginnen, die elektronische Gesichtserkennung. Bei dieser nimmt eine Digitalkamera das

Gesicht eines Antragstellers auf. Ein Computer identifiziert dann das Gesicht anhand markanter Merkmale. Gespeichert werden die Form der Augen, ihre Lage im Gesicht, die Lage der Wangenknochen, die Struktur der Haut. Es wurde jedoch auch die Unzulänglichkeit eines technisch noch so vollkommenen Verfahrens in Erinnerung gerufen. Ägypten zum Beispiel hatte schon Jahre zuvor damit begonnen, Ausweise mit Fingerabdrücken auszugeben. Doch das System hatte auch den Ägypter Mohammed Atta, den mutmaßlichen Anführer der Hamburger Zelle, nicht daran gehindert, nach Deutschland zu kommen, sich in Europa zu bewegen und in die USA einzureisen. Denn gegen Atta lag nichts vor. Er war weder als Asylbetrüger noch wegen anderer Delikte aufgefallen. Es waren keine Merkmale von ihm in irgendwelchen Fahndungsdateien gespeichert. Dies dürften die weltweit vernetzten und bestens informierten islamistischen Terroristen inzwischen wissen: Es ist besser für sie, legal einzureisen und nicht aufzufallen, als sich bei einem illegalen Grenzübertritt erwischen und registrieren zu lassen. Sie können ihre mörderischen Ziele eher erreichen, wenn sie sich nicht in den großen Strom der illegalen Einwanderer nach Europa begeben.

Auch viele Illegale kommen zunächst ganz legal. Sie haben ein Besuchervisum, bleiben dann nach Ablauf des Visums einfach im Lande. Sie haben Arbeit, schlagen sich im Alltag irgendwie durch, ohne Kranken- und Sozialversicherung. Sie bleiben viele Jahre, überweisen regelmäßig Geld nach Hause, leisten somit mehr an Entwicklungshilfe als die Staaten, in denen sie leben. Sie könnten leicht integriert, mit einem Federstrich legalisiert werden. Aber auch sie werden Opfer des Misstrauens, das durch die Bedrohung des internationalen Terrorismus und die Angst vor zunehmender Arbeitslosigkeit in den reichen Ländern entstanden ist. Und so war, als die deutsche Zuwanderungsgesetzgebung wieder einmal ins Stocken geriet, eine europäische Einigung über das Jahrhundertproblem Migration ebenfalls in weite Ferne gerückt.

Dabei wäre es gerade im Jahr der EU-Erweiterung vonnöten gewesen, einheitliche Regelungen für Europa zu finden. Nach wie vor kommen die meisten Einwanderer auf dem Landweg. Und nun hat die EU ihre Außengrenze um ein riesiges Stück vergrößert und nach Osten verlagert. Es sind lange, komplizierte Übergangsfristen vereinbart worden. Und ein neues EU-Mitglied gehört noch lange nicht dem Verbund der Schengen-Staaten an. Die Kontrollen an den Grenzen der Neuen werden frühestens 2007 fortfallen. Aber mit dem Beitritt von Estland, Lettland, Litauen, Polen, der Slowakei, von Slowenien, Ungarn und Tschechien – neben den Inselstaaten Malta und Zypern – soll natürlich auch die Freizügigkeit in diesem mitteleuropäischen Raum erreicht werden. Gerade die Staaten, die einst hinter dem Eisernen Vorhang unter dem Joch der Sowjetunion litten, werden sich nicht gerne als Europäer zweiter Klasse behandeln lassen wollen, werden auf längere Sicht keine schärferen Reise- und Umsiedlungsregelungen akzeptieren, als sie für die alten EU-Staaten gelten.

Die längste Grenze zum «Schengen-Ausland» hat Österreich: Auf 1460 Kilometern stößt die Alpenrepublik an Slowenien, Ungarn, die Slowakei und Tschechien. Was sich in der Vergangenheit an dieser Grenze abspielte, wird eines Tages traurige Realität an den Grenzen der neuen EU-Mitglieder zu Russland, Weißrussland, der Ukraine, Rumänien, Serbien und Kroatien sein: ein verzweifelter, oft aussichtsloser Abwehrkampf gegen Immigranten und Schlepper-Banden. In den letzten Jahren war Österreich zum Einfallstor für Flüchtlinge geworden. In dem mit rund hundert Kilometern relativ kurzen Grenzabschnitt zur Slowakei stieg die Zahl der Aufgriffe besonders rasant an. Im Jahre 2000 wurden dort 3496 Personen als illegale Grenzgänger gezählt, im Jahr darauf waren es 9186. Im ganzen Land wurden 2001 sogar 48 659 Flüchtlinge gefasst, 1996 waren es nur 11 325 gewesen. Für den österreichischen Innenminister war der Grund für diesen «absoluten Rekord» klar: «Eine direkte Folge der Afghanistankrise.» Beweise dafür hatte er nicht.

Die «undichte Stelle» zu Slowakei ist eine «nasse Grenze», hier in der Sumpflandschaft fließt die March, ein Fluss, der sich urplötzlich in einen reißenden, lebensgefährlichen Strom verwandeln kann. Und während der junge Beamte im Herbst 2001 auf seine Monitore starrt, verrät uns sein Vorgesetzter, der Bezirkskommandant Konrad Kogler, wie einfach es ist, unter dem High-Tech-Zaun der Wärmebildkameras hindurchzuschlüpfen. Wir sind an einer Stelle, an der es nicht einmal nötig ist, sich in die Fluten der March zu stürzen, fast genau gegenüber der slowakischen Hauptstadt Bratislava. Jenseits der Grenze verläuft eine Autobahn. Dort setzen die Schlepper ihre Leute ab, die nach Österreich hinüberwollen. Sie weisen auf markante Orientierungspunkte im Westen. Bevorzugt ist der Turm der barocken Kirche in Deutsch Jahrndorf. Den völlig ahnungslosen Flüchtlingen erzählen die Schlepper, das sei der Berliner Dom, «da musst du hinlaufen».

«Obwohl das Land flach ist, bieten sich überall Verstecke», weiß Major Kogler, «Hecken, Mulden, Maisfelder.» Junge, kräftige Männer seien in der Lage, in ein, zwei Minuten über das freie Feld zu rennen und eine Stelle zu finden, wo die Wärmebildkameras sie nicht mehr erfassen können. Verstecken würden sich vor allem die Rumänen, die Ukrainer, all die, die damit rechnen müssen, sofort wieder abgeschoben zu werden. «Die Afghanen dagegen wollen von uns entdeckt werden, sie laufen direkt auf uns zu.» Die meisten glauben, sie hätten gute Aussichten auf Asyl.

Was sie allerdings nicht wissen können, ist, wie sie als Asylanten behandelt werden. In Österreich ist die Betreuung von Asylbewerbern ein hoheitlicher Gnadenakt. Anders als in Deutschland und anderen EU-Ländern besteht kein Rechtsanspruch auf Hilfe und Betreuung. Dennoch nennt Österreich das Sammellager, in welches es die Asylbewerber steckt, eine «Betreuungsstelle». Ein Hohn. Es handelt sich um die ehemalige Militärkaserne Traiskirchen, fünfundzwanzig Kilometer vor Wien. Hier werden die Bewerber, wie es im Ministeriumsjargon heißt, «gesammelt, aufgeteilt und versendet» – in kleinere Lager oder in Pensionen und Flüchtlingshotels. Traiskirchen ist immer überfüllt. Rund tausend Menschen kommen hier unter, was die Behörden für angemessen halten. Inzwischen ist das Lager privatisiert worden. Die deutsche Firma European Homecare wurde im Juli 2003 mit der Versorgung der Asylbewerber beauftragt, dank eines «Dumping-Angebots», wie die Hilfsorganisation SOS-Mitmensch kritisierte. Am 9. August jenes Jahres kam es zu einer Massenschlägerei in Traiskirchen. Sie lässt sich wohl kaum mit der Privatisierung in Verbindung bringen, wohl aber mit der andauernden Überfüllung und der Konfrontation von Volksgruppen, die einander spinnefeind sind. Die Schlägerei an jenem heißen Augustwochenende – es war der Sommer der Hitzerekorde – war ausgebrochen, nachdem tschetschenische Insassen sich über das vermeintlich zu laute Spiel moldawischer Kinder beschwert hatten. An den folgenden Kämpfen beteiligten sich etwa zweihundert Insassen. Ein vierundzwanzigjähriger Tschetschene starb, vierzehn andere Asylbewerber mussten mit schweren Verletzungen ins Krankenhaus gebracht werden.

Die Gendarmerie, Österreichs Bundespolizei, ist es, die die Sicherung der Grenzen übernommen hat. Dies aber erst seit dem Beitritt Wiens zum Schengen-Verbund – er erfolgte schrittweise zwischen 1995 und Ende 1997. Viel Erfahrung hat sie also noch nicht. Sie hält es für ein gutes Zeichen, wenn der deutsche Bundesgrenzschutz oder die bayerische Polizei bei ihren Binnenkontrollen nur eine geringe Zahl illegaler Grenzgänger aufgreift. Man will die Leute irgendwie im eigenen Land unterbringen. Aber trotz des Bemühens, es den Deutschen recht zu machen, stand es auch im September 2001 nicht zum Besten mit dem Informationsaustausch. Während man in Berlin nicht so recht wusste, ob es wirklich zu einem Ansturm afghanischer Asylbewerber kommen würde, glaubte man in Wien, diesen schon zu spüren. Begonnen hatte das bereits vor dem September. Im ersten Halbjahr 2001 wurden in Österreich 14 995 Asylanträge gestellt, in den ersten sechs Monaten des Jahres 2000 waren es dagegen nur 8031 gewesen. Ein Drittel der Anträge des ersten Halbjahres 2001 – nämlich 4975 – wurde von Afghanen gestellt. Wohlgemerkt: vor Beginn des Krieges.

Die Grenze zur Slowakei wurde damals noch aus einem weiteren Grund zu den besonders neuralgischen Punkten der Schengen-Außengrenze gezählt. In Sicherheits- und Grenzschutzkreisen in Deutschland wie auch in Österreich hieß es: Die Slowaken unternähmen bei weitem nicht alle Anstrengungen, ihre etwaige «Schengen-Reife» unter Beweis zu stellen.

Im Gegenteil: Österreichische Gendarmen hatten vom Hubschrauber aus gesehen, «wie eine Gruppe Illegaler von der slowakischen Exekutive bis zur Grenze eskortiert wurde». Mit anderen Worten: Slowakische Polizisten übernahmen die Arbeit der Schlepper. Doch die Überraschung, die in dem österreichischen Polizeibericht zum Ausdruck kam, dürfte gespielt gewesen sein. Denn jeder wusste doch, mit was für einem Gegner man es zu tun hat: mit international operierenden Banden, die Polizisten ebenso in ihren Sold stellen wie kleine Gelegenheitsschlepper. In einem Dossier der österreichischen Einsatzgruppe zur Bekämpfung des Terrorismus war im Jahr 2001 unter Ziffer 3.3, «Illegale Migration Afghanistan», zu lesen: «Der Weg der in Österreich aufgegriffenen Afghanen führt sie per Flug nach Moskau und auf dem Landweg in die Ukraine. Von der Ukraine werden sie entweder über die Slowakei und Tschechien oder über Ungarn nach Österreich weitergeschleppt. In Ungarn und der Slowakei haben sich bestens strukturierte und international agierende Schlepperorganisationen verfestigt.»

Und auch diese Erkenntnis teilte Major Kogler wie selbstverständlich mit: «Die Schlepper sind technisch so gut wie wir, wenn sie uns mit *ihren* Nachtsichtgeräten erblicken, dann können wir den Posten verlassen. An der Stelle kommen sie in absehbarer Zeit nicht mehr rüber.»

An der Grenze zur Slowakei endet das burgenländische Idyll. Entlang eines Teils der slowakischen Autobahn ist eine Schallschutzwand hochgezogen. Dahinter verstecken sich die Flüchtlinge, bis ihren Schleppern die Zeit reif scheint. Der Erste, der durch eine Lücke herauskommt, ist häufig einer der Schlepper. Auf den Monitoren ist dann leicht zu erkennen, dass er seinerseits durch ein Nachtsichtgerät späht, den Schengen-Bus erblickt. Hinter der Autobahn breiten sich die hässlichen Wohnburgen der slowakischen Hauptstadt aus. Das ehemalige Pressburg, lange Zeit auch die Hauptstadt Ungarns, ist Sitz vieler harmlos erscheinender Reisebüros, die überall im ehemaligen Ostblock ihre Niederlassungen haben. Dort pfiffen es schon damals, 2001, die Spatzen von den Dächern: Für die Reisebüros sind goldene Zeiten angebrochen. Die im Dossier des österreichischen Innenministeriums hervorgehobene «Migrationswelle» aus Afghanistan verschaffte ihnen unentwegt Kundschaft. Den Gegenwert von ungefähr 3500 Euro kostete damals die Fahrt durch Wüsten und Hochgebirge auf der Ladefläche eines Lkw. Mehr als umgerechnet 25000 Euro forderten die Schlepper von, wie die Gendarmerie sie nennt, «Erste-Klasse-Passagieren». Sie werden mit dem Flugzeug und der Eisenbahn bis dicht an die Grenze befördert. Auf den Stationen des Weges haben die Schlepper-Banden Unterkünfte eingerichtet. Sie suchen die günstigsten Stellen zwischen dem Baltikum und dem Mittelmeer und geben ihren Kunden Garantieerklärungen – wenn der Grenzübertritt nicht gleich klappt, wird er erneut versucht, ohne weitere Kosten. Die Wartelisten der Schlepper wurden im Laufe der Zeit immer länger. «Travel Agencies» fragen häufig untereinander an: Könnt ihr eine Gruppe von uns übernehmen? Über kurz oder lang werden diese Reisebüros weiter nach Osten, hinter die neuen Außengrenzen, umziehen. Da es sicher ist, dass es zu neuen schweren Krisen à la Afghanistan kommen wird, können für sie die Zeiten nur noch besser werden.

Häufig sind es aber auch Banalitäten, die den Bemühungen, Kriminelle herauszufischen und Illegale abzuweisen, zuwiderlaufen. Am Autobahnübergang Nickelsdorf überqueren Millionen Menschen die Grenze ganz legal. Die Österreicher arbeiten mit automatischen Passlesegeräten, die an den Schengener Zentralcomputer angeschlossen sind. Auf ungarischer Seite werden Daten von Hand eingegeben. Nach dem Anschlag vom 11. September wollten die ungarischen Grenzer ihren Teil dazu beitragen, Terroristen aufzuspüren. Sie nahmen die Personalien jedes einzelnen Reisenden auf. Das

Ergebnis: sieben Stunden Stau. Entnervt bat der österreichische Dienstleiter schließlich seinen ungarischen Kollegen um etwas weniger Gründlichkeit.

Und manchmal hapert es – wie bei den Kollegen in Italien – auch einfach mit den Zuständigkeiten. Nahe dem ungarischen Sopron, wo unter dem Schutz eines «paneuropäischen Picknicks» am 19. August 1989 der Eiserne Vorhang einen winzigen Spalt geöffnet worden war, wo achthundert DDR-Bürger in den Westen fliehen konnten und so der Exodus begann, der zum Zusammenbruch der DDR und zur deutschen Wiedervereinigung führte – in Sopron steht eine Patrouille des österreichischen Bundesheers, einige Einheiten der regulären Streitkräfte sind ständig abkommandiert, hier der Gendarmerie zu helfen. Ein junger Soldat erzählt, wie es ihm einmal erging, als er eine Gruppe von Menschen erspähte, die nächtens die Grenze überschritt. Vorschriftsmäßig meldete er seine Beobachtung dem Gendarmerieposten, denn nur die Gendarmen dürfen jemanden festnehmen, die Soldaten haben keine Haftbefugnisse. Bis die Polizisten anrückten, waren die Verdächtigen aber längst über alle Berge. ■

Al-Andalus

■ Genau gegenüber der Alhambra steht die Mezquita Mayor, die neue Große Moschee von Granada. Sie wurde erst im Sommer 2003 eröffnet. Am Tor bietet ein junger Mann gekühlte Limonade mit Kräutern an. Zypressen und Zitronen duften. Der Garten ist jedem zugänglich, die Moschee nur Muslimen. «Würden Sie mit uns über die Stimmung nach dem 11. März sprechen?», fragen wir einen Alten am Tor. «Sie meinen nach dem barbarischen Anschlag in Madrid?», erwidert der Alte ohne Umschweife und greift zum Telefon. Er wählt eine Nummer, dann reicht er das Telefon weiter. Ein Englisch sprechender Mann meldet sich: «Kommen Sie herunter zum islamischen Zentrum, die Stufen links von der Moschee, klopfen Sie an die Tür.»

Er trägt einen kurz geschorenen Vollbart und ist modisch-westlich gekleidet. Er stellt sich als Yahya vor, ist offensichtlich befugt, für die Moschee zu sprechen. Der Mann ist, wie er sogleich erklärt, Konvertit, ein Engländer, der als Jugendlicher Muslim wurde. Zunächst ist er ungehalten. Es ist Freitag, der Tag des Gebets. Er hätte gern vorher ein Fax mit den Fragen bekommen: «Was glauben Sie, wie manche Reporter über uns herfallen? Sie stürmen herein und fragen, ob Osama bin Laden die Moschee finanziert hat.» Doch dann bittet er,

Platz zu nehmen auf einer grünen Sitzgruppe unter großen Fotos von Mekka.

Yahya fängt an zu sprechen. In seinem Redefluss lässt er sich nur von gelegentlichen Telefonanrufen unterbrechen. Sein Blick huscht immer wieder auf die Monitore der Computer im Nebenraum. «Es gibt gar keinen Kampf der Kulturen», sagt er und lächelt wissend, «die europäische Kultur wurde von den Muslimen geschaffen.» Wie konnten die Muslime Andalusien damals so schnell erobern, fragt er, um selbst zu antworten: Sie kamen nicht mit dem Schwert, sie brachten ehrlichen Handel, Wissen, Gerechtigkeit. Wie ein Prediger duldet er keinen Widerspruch. Irgendwann lässt er einfließen, die Täter vom 11. März seien keine Muslime, auch wenn sie arabische Namen trügen. Er sagt: «They are not us.» Das sind nicht wir! Aber so, wie er die Überlegenheit des Islam behauptet und die westlichen Gesellschaften als verkommen schildert, so argumentieren auch jene, die den Terror gutheißen.

Er sei früher schon einmal hier an dieser für die Muslime so symbolträchtigen Stätte tätig gewesen, so viel will Yahya verraten, 1987, also in seinem siebzehnten Lebensjahr, dem Jahr, in dem er Muslim wurde. Und im vergangenen Jahr, 2003, wurde er wieder gerufen, lässt der heute vierunddreißigjährige Vater von drei Kindern wissen. Er sagt jedoch nicht, wer ihn rief, sagt nicht, weshalb. Yahya übergeht alle Nachfragen. Bei jedem Einwand holt er groß aus. Alle Kämpfe, alle Konflikte von heute, so belehrt er uns, seien angezettelt worden, um den Dollar zu stützen. «Zinsen und die von den Banken erzeugte Sucht zu kaufen, kaufen, kaufen» – das seien die Wurzeln allen Übels, das zerstöre die Familien.

Er ereifert sich leicht, wiederholt sich häufig: «Die Gesellschaft hier ist verkommen. Drogen, Alkohol, Teenager-

Schwangerschaften, alles wird immer schlimmer. Tag für Tag werden die Gesetze lascher. Alles ist erlaubt in dieser dekadenten Gesellschaft. Die schlimmsten Verbrechen werden nicht geahndet.»

Einmal gelingt es uns, den jungen Gelehrten zu unterbrechen, ihn zu fragen, ob der Anblick von knapp bekleideten jungen Frauen auch seine Augen beleidige. Er hat eine tolerante Erwiderung parat: «Wir haben kein Recht, beleidigt zu sein, denn dies ist keine islamische Gesellschaft.» Aber er lässt den Umkehrschluss zu: Seine Frau nämlich, erklärt er, verhülle sich, um nicht die Blicke der Männer auf sich zu ziehen.

Warum, das wollen wir am Ende von ihm wissen, haben die Muslime seinerzeit Al-Andalus wieder verloren? Seine knappe Antwort, bei der wieder sein wissendes Lächeln die Lippen umspielt: «Sie scheiterten, weil sie dekadent waren.»

Vor allem im Süden Spaniens, aber auch in anderen Teilen des Landes, stößt man auf Grenzen, wo die Kulturen härter aufeinander prallen als anderswo. Es sind dies Grenzen zwischen Europa und Afrika, zwischen Christentum und Islam, zwischen Armut und Reichtum, zwischen Moderne und Mittelalter, zwischen Rechtsstaat und Polizeistaat. Die geografische Grenze verläuft durch die Straße von Gibraltar.

Im Jahre 711 kreuzte sie der arabische Feldherr Tarik Ibn Sijad. Binnen dreier Jahre konnten die Mauren fast die gesamte Iberische Halbinsel unter ihre Herrschaft bringen. Sie nannten die Provinz Al-Andalus, was vermutlich so viel wie «Land der Vandalen» hieß. Beinahe achthundert Jahre später, am 2. Januar 1492, zogen Isabella von Kastilien und Ferdinand von Aragón, die Katholischen Könige, in der Alhambra von Granada ein. Die Reconquista, die Wiedereroberung, war vollendet.

Und etwas mehr als fünfhundert Jahre später, im Oktober 2001, rechtfertigte Osama bin Laden in einer vom Sender Al-Dschasira ausgestrahlten Video-Botschaft die Anschläge vom 11. September. Der Pate des Terrors machte dabei eine Anspielung auf Andalusien, deren Sinn sich etlichen Übersetzern anscheinend nicht erschloss. In der Wiedergabe des Texts in der *New York Times*, basierend auf einer Übersetzung der Nachrichtenagentur *Reuters*, fehlte sie ganz. Bin Laden sagte: «Die ganze Welt soll wissen, wir werden es nie hinnehmen, dass sich die Tragödie von Andalusien in Palästina wiederholt.»

Damit muss bin Laden die Wiedereroberung Spaniens durch die Christen, die allmähliche Verdrängung der Muslime gemeint haben, die im 11. Jahrhundert begann. In seiner Denkweise haben die Kreuzzüge, deren ausdrückliches Ziel nicht allein die Einnahme Jerusalems, sondern stets auch die Rückeroberung Andalusiens war, dazu geführt, dass eine «fremde» Gesellschaft sich das Juwel des Islam einverleibte. So stand hinter den Anschlägen von Madrid nicht nur die Beteiligung der spanischen Truppen am Irakkrieg, sondern auch das Ziel einer «Befreiung» ihres Andalusiens, ähnlich der «Befreiung» Palästinas.

Schon bald nach den Anschlägen in Madrid und dem wilden Schusswechsel mit dem anschließenden Selbstmord von vier Terroristen in dem Madrider Vorort Leganés, bei dem auch ein Polizist der Sondereinheit «Geo» ums Leben kam, hatte sich herausgestellt, dass die große Mehrheit der mutmaßlichen Täter Marokkaner waren, viele kamen aus Tanger. Und es war zutage gekommen, dass die Hintermänner dieselben waren, die auch die Anschläge in Casablanca am 16. Mai des Jahres 2003 geplant hatten, bei dem das Hauptziel die Casa de España war. Damals mag mancher geglaubt haben, die große Armut der Menschen habe sie zu diesen Taten getrieben, denn alle vierzehn Selbstmordattentäter von Casablanca stammten aus dem Slum Sidi Mounem. Doch nun weiß man, dass die apokalyptischen Reiter aus besseren Verhältnissen stammten. Die Täter von Madrid und ihre Hintermänner waren längst Europäer geworden, hatten sich scheinbar in Spanien integriert, bevor sie Islamisten wurden. Wie Rattenfänger hatten sie die jungen Mörder dann gezielt in den Slums rekrutiert, mit der Gewissheit, wer in einer solchen Hölle lebe, sei zu allem bereit.

Als die spanischen Polizisten die Wohnung in Leganés umstellten, hörte einer von ihnen den Ruf «Allah ist groß» – oder «so etwas Ähnliches». Als die Geo-Truppe dann in der Nacht das Versteck stürmen wollte, zündeten zwei der Islamisten Sprengstoffgürtel, die sie am Leib trugen. Danach kam die Aufklärungsarbeit der Polizei dann schnell voran. Unter den vier Toten befand sich ein Tunesier, der als Kopf der Gruppe galt, ein Sarhane Ben Abdelmajid Fakhet, sowie ein Marokkaner namens Abdennabi Kounjaa. Die beiden waren schon auf der Liste mit den sechs internationalen Haftbefehlen, die der spanische Ermittlungsrichter Juan de Olmo eine Woche zuvor ausgestellt hatte. Die Annahme, dass die Gruppe die Reisefreiheit innerhalb Europas genutzt und sich irgendwo fern des Tatorts versteckt habe, wurde also nicht bestätigt. Sie hielten sich unweit der Stelle auf, wo sie noch ein weiteres Attentat geplant hatten.

Im Atocha-Bahnhof in Madrid laufen nicht nur die Vorortzüge ein. Aus der Halle, die am 11. März um Sekunden verfehlt wurde, fahren auch die Hochgeschwindigkeitszüge nach Andalusien ab. Wenige Wochen nach dem 11. März wurde eine Einkaufstüte mit zwölf Kilo Sprengstoff auf diese Gleisstrecke gelegt, symbolträchtig in der Nähe von Toledo, wo

175

die Rückeroberung Südspaniens durch die Kastilier und Aragonen seinerzeit ihren Ausgang nahm. Es sollten nicht nur Züge getroffen, es sollte die Nabelschnur nach Andalusien durchschnitten und die Geschichte rückgängig gemacht werden. Diesen, allein dank der Aufmerksamkeit eines Bahnangestellten vereitelten Anschlag lasteten die spanischen Ermittler ebenfalls dem Quartett aus dem – ganz nahe gelegenen – Leganés an. Dafür gab es eindeutige Indizien: In der Wohnung wurden eine Ladung desselben Dynamits und zweihundert Zünder gefunden, die auch am 11. März und in den Selbstmordsprenggürteln benutzt worden waren. Die Wohnung war erst wenige Tage nach dem 11. März angemietet worden, offenkundig mit der Absicht, von dort aus weitere Anschläge zu planen. Von einer «Pause» oder einem «Rückzug» konnte also keine Rede sein. Der Tunesier Fakhet und der zu dieser Zeit noch flüchtige Marokkaner Jamal Ahmidan, genannt der «Chinese», hatten ihr Mietshaus auf dem Land lediglich verlassen, weil ihr spanischer Sprengstofflieferant verhaftet worden war. Kurz nach dem Selbstmord der vier in Leganés hatte die spanische Polizei dann insgesamt fünfundzwanzig Personen festgenommen, siebzehn von ihnen wurden als Haupttäter und Helfer in unbefristete Untersuchungshaft genommen. Unter ihnen befand sich das Trio, das gleich nach Atocha gefasst wurde, die Marokkaner Jamal Zougam, dessen Stiefbruder Mohamed Bekkali und Mohamed Chaoui. Nach deren Verhaftungen war neben mehreren Syrern und zwei Indern auch ein Chemiker aus Marokko festgesetzt worden, ein Abderrahim Zbakh. Die Beschreibung der Täter durch die spanische Polizei machte eines deutlich: Das Profil der zur Al-Qaida gezählten Männer, besonders das der Marokkaner, gilt als «normal». Es sind Männer zwischen dreißig und vierzig Jahren, die ausnahmslos als junge Leute legal eingereist

waren. Sie arbeiteten, gesellschaftlich integriert, als Bauarbeiter, Gemüsehändler, Telefonhändler oder, wie der Tunesier Fakhet, sogar als Immobilienmakler. Sie hatten Familien,
kleideten sich westlich und wurden von ihren Nachbarn als
«anständig», «freundlich», «höflich», ja «fröhlich» beschrieben. Einer war Mitglied im Fußballverein Real Madrid, ein
anderer zeigte im Stadtviertel stolz ein Autogramm vom Star
des Clubs, David Beckham, herum. Wenn diese Leute also
wirklich Mitglieder von «Schläferzellen» gewesen sein sollten, die jahrelang nur auf einen Anlass oder eine Anweisung
zum Losschlagen gewartet hatten, dann muss geschlussfol-
gert werden, dass ihre Tarnung perfekt war. Und dass auch
das vollkommenste Grenzüberwachungssystem sie nicht erfasst hätte.

Die spanischen Ermittler zogen noch eine weitere Schluss-
folgerung: Ihr Land an der Grenze zu Nordafrika war von
einem Flucht- und Sammelpunkt islamischer Fanatiker unter dem Einfluss radikaler Imame zu einem Tatort, ja zum
«Kriegsschauplatz» an sich von Al-Qaida in Europa geworden. Man bemerkte die Ähnlichkeit der Symbolik. In den
USA waren es am 11. September vier Flugzeuge, in Spanien
ebenfalls am elften Tag des Monats vier Züge.

Auch die unvermeidlichen «Märtyrer» hatte es in Spanien
mit dem Selbstmord in Leganés gegeben. Und «Märtyrer»
waren schon andere gewesen, dies, als man den Zusammenhang noch nicht sah, die dreizehn Terroristen nämlich, die bei
den Anschlägen in Casablanca ein knappes Jahr zuvor sich
und zweiunddreißig andere Menschen getötet hatten und als
Mitglieder der «Gruppe islamischer Kämpfer Marokkos» mit
ihren Afghanistan-Veteranen aus den Al-Qaida-Lagern nun
auf beiden Seiten der Straße von Gibraltar in Aktion getreten waren.

In Sevilla, wo die Hochgeschwindigkeitszüge aus Madrid enden, ist Fiesta, das Frühjahrsfest mit Corrida: zwei Wochen lang jeden Abend Stierkampf. An diesem Abend im April des Jahres 2004 sticht der Matador El Cid zwei Stiere ab. Der alternde El Cid tötet die Tiere mit Routine, aber ohne Eleganz. Mitreißenden Beifall erheischt nur ein Stier, der das Pferd eines Picadors aufspießt. In den Tapa-Bars rund um die Arena, wo Stierhoden als Delikatesse gereicht werden, herrscht nach dem Kampf ein anderes Gesprächsthema. An diesem Tag wurde die neue Regierung Andalusiens vorgestellt. Ein historisches Ereignis in einer «Macho-Gesellschaft»: Dem Kabinett gehören mehr Frauen an als Männer.

Es gibt aber noch ein weiteres Gesprächsthema. Die Muslime von Córdoba hatten beantragt, die prächtige Mezquita-Kathedrale wieder als Gebetshaus nutzen zu dürfen. Die Mezquita war einst die Hauptmoschee des westlichen Islam. Erzbischof Michael Fitzgerald, der Präsident des Päpstlichen Rats für den Interreligiösen Dialog, aber wehrte unmissverständlich ab: Die islamische Gemeinschaft solle «die Geschichte akzeptieren» und «nicht Rache suchen». In den Tapa-Bars nahe der Plaza de Torros nicken die Leute mit den Köpfen: «Wir werden den *moros* doch nicht auch noch unsere Kirchen überlassen.»

In der Kapelle der Kathedrale von Granada steht geschrieben, was spanische Kinder auch heute noch im Geschichtsunterricht lernen. Dort ruhen Ferdinand II. und Isabella I., und ihre gemeinsame Grabinschrift preist sie als die *«Mahometice Secte Prostratores Et Heretice Pervicacie Extinctores»* – die «Vernichter der mohammedanischen Sekte und Auslöscher der ketzerischen Falschheit».

Mit einer Stunde Verspätung legt die Jet-Fähre in Ceuta ab. Zwar ist Ceuta spanisches Hoheitsgebiet in Afrika, doch wurde dies von Marokko nie offiziell anerkannt. Somit ist die Grenze hier eigentlich keine Grenze. Zu übersehen ist der Doppelzaun, den die Europäische Union an dieser Stelle für umgerechnet sechzig Millionen Euro hochgezogen hat, um sich die Afrikaner vom Leibe zu halten, allerdings nicht.

In die andere Richtung, über den Grenzübergang Tarajal, mit Schranken, Pass- und Zollkontrolle, kommen auch Menschen, viele Menschen, in aller Seelenruhe. Sie rennen nicht, obwohl sie schmuggeln. Autoersatzteile, Eisschränke, Fernsehgeräte, Weizen, Bier und Öl – alles, was Europa zu bieten hat und Afrika mit Zöllen belegt. Die Masse der Grenzgänger sind Träger, junge Leute, die von den Händlern dafür bezahlt werden, die schweren Lasten über die Grenze zu schleppen. Die Spanier haben kein Interesse, die Ausfuhr irgendwelcher Waren zu stoppen. Und die marokkanischen Grenzer suchen nach nichts – wenn die Händler sie nur ordentlich für das Wegschauen belohnen.

Die Salons der Jet-Fähre sind in der Vorsaison leer, doch im Unterdeck stehen einige Lastwagen. Der Warenverkehr geht weiter über die Straße von Gibraltar, wenn auch spärlich. Und mit ihm kommen weiter die Illegalen. In Ceuta lungern die Schwarzafrikaner überall herum. Sie warten auf die Gelegenheit, um auf einen offenen Lastwagen zu springen. Nach Europa.

Eigentlich hätte die Fähre planmäßig ablegen können, aber die Kontrollen verzögern alles. Am Fähranleger wird seit dem 11. März 2004 jeder Pass kontrolliert, jede Tasche durchleuchtet, wie sonst nur auf Flughäfen. Und die Marokkaner, ein paar Kilometer entfernt, auf ihrem Posten in Tarajal, an der Grenze, die sie nicht anerkennen, tun das Ihre,

179

um Terroristen, echte wie vermeintliche, vom Übergang abzuhalten. Einen deutschen Reisenden, der auf dem Landweg von Ceuta nach Tanger wollte, haben sie nicht durchgelassen. Sie haben in seinem Pass mehrere Stempel aus muslimischen Ländern entdeckt. An einer europäischen Grenze ist er dafür noch nie abgewiesen worden. Nun muss er also zurück mit der Fähre, mit der er gekommen ist, muss dann von Algeciras nach Tarifa fahren, von wo aus kleinere, außerhalb der Sommerzeit hauptsächlich von Touristen genutzte Fähren direkt nach Tanger gehen – und wo die Grenze von beiden Seiten anerkannt wird, was wiederum dazu führt, dass ein paar Stempel aus muslimischen Ländern hier kein Einreisehindernis darstellen.

Am Petit Socco, dem kleinen Platz an der Medina in Tanger, stehen die illegalen Migranten herum. Keine Schwarzafrikaner hier, sondern junge Marokkaner. Überall in Tanger treiben sich junge Männer herum, die nichts zu tun haben. Bestenfalls reicht das Geld, um sich ein kleines Getränk im Café zu bestellen. Da sitzen sie dann, die Blicke starr auf den Fernseher gerichtet. Sitzen Stunden um Stunden und sehen Al-Dschasira für die Politik und TV-España für den Fußball, wobei alle Real Madrid zujubeln.

Diejenigen, die auf dem Petit Socco herumstehen, wollen so schnell wie möglich weg nach Europa. Wenn man mit ihnen ins Gespräch kommt, fällt auf, dass immer ganze Gruppen aus ein und demselben Ort stammen – die Schlepper-Banden arbeiten offenkundig Dorf für Dorf ab. Seit Jahren geht das so – allen Versprechungen des marokkanischen Staats zum Trotz, den Flüchtlingsstrom schon auf dieser Seite der Straße von Gibraltar einzudämmen.

Der vormalige Staatschef des benachbarten Algerien hatte

1974 eine Rede vor den Vereinten Nationen gehalten, an welche diese jungen Leute einen unwillkürlich erinnern: «Eines Tages werden Millionen von Menschen die südliche Halbkugel verlassen, um auf die nördliche zu gelangen. Sicherlich nicht als Freunde. Denn sie werden kommen, um sie zu erobern. Und sie werden sie erobern, indem sie die nördliche Halbkugel mit ihren Kindern bevölkern. Der Leib unserer Frauen wird uns den Sieg bescheren.»

In Tanger werden Krabben aus dem ostfriesischen Greetsiel gepult, mit dem Kühllastwagen werden sie hierher und dann wieder zurückgefahren. Diese bizarre Auswirkung der Globalisierung scheint sich zu lohnen – wegen der extrem niedrigen Löhne und der hohen Arbeitslosigkeit, wegen der jungen Frauen, die vor der Fabrik Schlange stehen, um einen Job als Krabbenpulerin zu ergattern. Nichts kann einen heute noch groß überraschen, möchte man glauben, aber überraschend ist in dieser Stadt, die *El País* den «Vorposten des Islam» und *Le Monde* schlicht die «Terrorfabrik» nennt und in der die meisten Frauen nur verschleiert auf die Straße gehen, gänzlich unerwartet ist, dass uns auf einmal sechs junge Frauen anhalten. Schülerinnen offenbar, vier von ihnen tragen Kopftücher, die beiden anderen sind, wenn auch das Haar frei ist, ebenfalls züchtig gekleidet. Sie kichern, wenden sich wieder ab, dann fasst eine sich ein Herz: «Sagen Sie bitte, Monsieur, was muss man anstellen, um einen Europäer zu heiraten?»

Um den Grand Socco, den großen Platz, stehen ebenfalls viele Männer herum, Männer in dunklen Anzügen oder Dschellabas, Geheimpolizisten. Hier haben sie viel zu schützen. Oberhalb befinden sich die spanische Kathedrale und die amerikanische Gesandtschaft, daneben steht das Hotel «El Minzah», gegenüber das spanische Kulturinstitut «Instituto Cervantes». Niemand bleibt hier unbeobachtet. Die Sûreté ist omnipräsent. Nach den Anschlägen 2003 in Casablanca wurde binnen Minuten der Inhaber des Restaurants «Les Citoyens de Tanger», der Alkohol ausschenkt und zumeist Ausländer bewirtet, von einem befreundeten Geheimdienstler gewarnt: «Schließ ab und lass niemanden hinein, den du nicht kennst.»

Auf einer Baustelle gegenüber vom Hotel schleppen kleine Jungs Steine, rühren den Mörtel an. Höchstens zwölf Jahre dürften sie alt sein. Die Polizisten stört das nicht. Die Männer, die im «Grand Café de Paris» sitzen, auch nicht. Einer, der gerade seinen neuen, silbernen BMW an der Straße abgestellt hat, äußert sich missbilligend, aber erst auf mehrmalige Nachfrage: «Nein, solche Kinderarbeit ist nicht in Ordnung. Wenn sie im Café oder auf den Feldern der Familie helfen, gut, das geht. Aber auf dem Bau, nein.» Um nach einigem Überlegen zu bedenken zu geben: «Andererseits lernen sie etwas. Und verdienen dabei ein wenig.»

Im Nahen Osten und in Nordafrika müssen etwa 13,5 Millionen Kinder zwischen fünf und vierzehn Jahren, fünfzehn Prozent der Bevölkerung, harte körperliche Arbeit leisten. Dieses Elend schafft Generationen junger Menschen, die nichts zu verlieren haben, die alles tun würden, um in das reiche Europa zu kommen. Und wenn sie dann dort enttäuscht werden, schlägt die Hoffnung leicht in Hass um. Marokkanische Geheimdienstler wissen, dass die Attentäter von Casablanca nicht nur mit Versprechungen auf das Paradies, sondern ganz materialistisch auch mit Zahlungen von jeweils zehntausend Dollar geködert worden sind.

In den Garten des «Minzah»-Hotels dringt die islamistische Welt nicht ein. Hier sonnen sich, den Blicken der Einheimischen entzogen, europäische Touristinnen im Bikini am Pool.

Die Barmänner, das beschwört ein französischer Fernsehreporter, der sich seelenruhig ein Haschischpfeifchen entzündet, mixen den besten Whiskey Sour der Welt – und bestellt seinen dritten, es ist ja schon Mittag. In diese friedliche Oase, in die weder Lärm noch Dreck, weder Migranten noch Terroristen gelangen, kommt Mohammed Abouabdillah zum Gespräch. Der Chefredakteur des *Journal de Tanger* ist so etwas wie ein inoffizieller Sprecher des Königshauses. Würde in seinem Blatt etwas stehen, was König Mohammed VI. nicht lesen will, dann könnte es passieren, dass die Redaktion auf der Stelle geschlossen wird.

Also freut sich der Journalist Abouabdillah, der trotz der Hitze weder sein Tweedjackett ablegt noch seine Seidenkrawatte lockert, über den «radikalen Wechsel» bei der Regierung in Madrid und die «angenehme Überraschung», dass der neue spanische Ministerpräsident José Zapatero, am zweiten Tag im Amt, schon nach Marokko reiste. Abouabdillah meint allerdings, es sei nur «Zufall» gewesen, dass so viele der Täter von Madrid Marokkaner waren. Wie auch immer: «Nun haben sich unsere Regierungen entschieden, gemeinsam gegen den Terrorismus zu kämpfen.» Wie tragfähig eine solche Entscheidung zur Zusammenarbeit ist, darüber will er sich nicht auslassen. Wir erinnern ihn an Otto Schily, den deutschen Innenminister, der Ende April 2004 eine Sicherungshaft für Islamisten vorschlug und im *Spiegel*-Interview auf die Worte der Madrider Täter anspielend warnte: «Wer den Tod liebt, kann ihn haben», Schily, der sich unmittelbar nach dem 11. März zu Recht über die Informationspolitik der Regierung Aznar aufgeregt hatte. Und wir erinnern an die Hochzeit des spanischen Thronfolgers Felipe VI. mit der ehemaligen Fernsehjournalistin Letizia Ortiz, bei der die Regierung Zapateros das Schengen-Abkommen kurzzeitig außer Kraft setzte, wieder Ausweis- und Passkontrollen an den Grenzen einführte. Wenn also schon die Zusammenarbeit der Europäer auf solch unsicherer Basis steht, wie soll es dann zwischen Spanien und Marokko problemlos ablaufen?

Abouabdillah zuckt nur mit den Schultern. Er ist gut informiert, er scheint alles zu wissen und jeden zu kennen. Den Namen Benjaich will er indes noch nie gehört haben. Das darf verwundern. Über die Brüder Benjaich ist viel geschrieben worden. Die *New York Times* erwähnte die Brüder in einem Artikel bald nach dem 11. März: «Die marokkanischen Ermittler stießen auf Mr. Zougam später, als sie den Benjaich-Brüdern nachspürten, drei marokkanischen Militanten, die sich in verschiedenen muslimischen Kämpfen geschlagen hatten.» Gemeint war der erwähnte Jamal Zougam, der Inhaber des berüchtigten Telefonladens in Madrid, der als erste Schlüsselfigur der Attentate vom 11. März verhaftet worden war.

Im April 2003 soll er sich mit Abdel Asis Benjaich in Tanger getroffen haben. Der wiederum ist ein eingebürgerter Franzose, der auf Bitten der Marokkaner kurz nach den Anschlägen von Casablanca, laut *Le Monde*, am 12. Juni 2003 in Algeciras, von der spanischen Polizei verhaftet wurde. Der Bruder Abdullah Benjaich ist der *Neuen Zürcher Zeitung* zufolge bei der amerikanischen Bombardierung von Tora Bora in Afghanistan gefallen. Der dritte Bruder, Salaheddin Benjaich, das berichteten mehrere Blätter übereinstimmend, ist 1996 nach Bosnien gegangen und hat in den Kämpfen dort ein Auge verloren. Er wurde dann 2003 als einer der Drahtzieher der Attentate von Casablanca in Marokko zu neunzehn Jahren Haft verurteilt. Alle drei sollen als junge Männer Luxus und leichtes Leben in Europa genossen haben, dann, wie auf einen Fingerzeig Gottes, den Weg zum Glauben gefunden haben und heilige Krieger geworden sein.

Anscheinend gibt es noch einen vierten Bruder, den heute vierzigjährigen Achmed Benjaich. Er lebt laut *Neuer Zürcher Zeitung* «in seiner Heimatstadt Tanger ein ruhiges Leben als gläubiger Islamist». Der Journalist Abouabdillah will auch von diesem Benjaich-Bruder nie etwas gehört haben.

Tatsächlich wird in Tanger ein regelrechter Heldengesang auf die Brüder Benjaich gesungen. Über Ahmed geht er so: Er sei Ende der neunziger Jahr in London in einer psychiatrischen Klinik behandelt worden. Doch die Tabletten hätten nicht geholfen, ihn von seinen schweren Depressionen zu befreien. Die Ärzte hätten ihn als unheilbar aufgegeben. Doch dann besuchte ihn ein Freund, schenkte ihm einen Koran. Ahmed begann zu lesen, erst widerwillig, dann mehr und mehr, bis ihm die Lektüre der Suren einen angenehmen Schauer über den Rücken schickte. Er habe sich erleuchtet gefühlt und auf jeden Fall gesund. Seither befolge er die Regeln des Propheten, lebe, zurück aus London, glücklich und zufrieden in seiner Heimatstadt Tanger und äußere allenthalben: «Der Islam ist die reine Religion. Mohammed – der Friede und das Gebet Gottes seien mit ihm – ist mein Führer. Dank seiner Güte und seinen Worten werden sich eines Tages alle Menschen zum Islam bekehren.»

Zu den Menschen, die gern auf einen Drink im «Minzah»-Hotel vorbeischauen, gehört auch ein Spanier, der schon lange in Tanger tätig ist, ein Mann der spanischen Kultur, ein gebildeter Mann, weit gereist, mit hohen Idealen – der offen reden, aber seinen Namen nicht gedruckt sehen will. «Dieses Gespräch», sagt er gleich zu Beginn, als er seine Visitenkarte überreicht, «hat nie stattgefunden.» In seinem Eifer erinnert er an den jungen Yahya aus der Mezquita von Granada. Nur dass der Spanier in Tanger ehemals Kommunist war und nun überzeugter Demokrat ist. «Sechzig Prozent aller Marokkaner sind Anhänger von Osama bin Laden», weiß er. Um die Chancen der Spanier, im Kampf der Kulturen zu bestehen, stünde es schlecht. «Sie glauben», tadelt er, «nur an den Wein, die Tapas und das Vergnügen – nicht an den Kampf für die Demokratie.» Er ist überzeugt: «Alle Immigranten glauben, dass Al-Andalus eines Tages wieder ihr Land sein wird.» Meint er nur die Provinz Andalusien? «Nein, ganz Spanien.»

Wenn es dunkel wird in Tanger, dann sind die Straßen bald ausgestorben. Spärliches Licht leuchtet aber noch in einem heruntergekommenen Gebäude, an dessen Eingang die Reste eines Davidsterns und die Buchstaben CT zu erkennen sind, das alte «Casino de Tanger». In den Spielsälen sitzen betagte Frauen und Männer an zwei Tischen, die letzten verbliebenen Mitglieder der einst großen und einflussreichen jüdischen Gemeinde. Sie spielen Karten. Hinter einem Vorhang versteckt sich eine kleine Bar. Ein paar muslimische Gäste stehen am Tresen. Die meisten trinken das einheimische Stork-Bier. In der Ecke sitzt der beleibte Pächter Moise Emergui, fein säuberlich führt er Buch über jeden Ausschank. Er redet in gewählten Worten, aber er wirkt gelassen. Ob er sich hier noch sicher fühlt? «In Israel hätte ich mehr Angst – solange der Palästinakonflikt nicht gelöst ist.» Er macht ein paar Eintragungen in seiner Kladde und erklärt: «Wir werden von gut ausgebildeten Polizisten geschützt.» Und: «Hier nehmen sie die Leute in Haft und lassen sie nicht mehr raus, drüben in Spanien kommen sie sofort wieder frei.»

Angst geht trotzdem um. Eine der Kartenspielerinnen, eine gebildete Dame, die dem alten, weltoffenen Tanger nachtrauert, lädt uns anderntags in ihre Wohnung ein. Als wolle sie auf ihre Art dem Islamismus trotzen, bietet sie schon am Vormittag einen Whiskey an. Aber sie berichtet auch, dass sie seit geraumer Zeit darauf achte, bodenlange Röcke oder Mäntel zu tragen, aus Sorge, sonst auf der Straße angefeindet zu werden. Hat sie Angst? Wie schlimm erlebt sie in ihrem Alltag die Islamisten, muss man von einem Islamo-Faschismus sprechen? Ihre Antwort verstört: «Sie sind schlimmer als die Nazis, bei denen wusste man wenigstens, wo man dran war.» Auch sie will nicht genannt werden. Auch sie glaubt, in dem Polizeistaat Marokko sei sie sicherer als in einem europäischen Rechtsstaat. ■

Die Verschollenen von Zakinthos

■ Der Bürgermeister ist ungehalten über die Störung. Wir wollen wissen, wo die Flüchtlinge geblieben sind, die seinerzeit, im November 2001, mit der *Erenler* hier auf Zakinthos gestrandet waren. Wenn es jemand wissen muss, dann er! Aber er weiß es nicht. «Gehen Sie zur Polizei», grummelt er, «vielleicht wissen die was.» Der Wachhabende auf dem Revier an der Hafenpromenade weicht uns ebenfalls aus. «Kommen Sie morgen wieder, dann ist der zuständige Mann der Ausländerpolizei hier. Der kann ihnen vielleicht mehr sagen.» Als wüsste hier nicht jeder über alles Bescheid in der kleinen Polizeistation mit ihrer einzelnen Zelle gleich am Eingang. Zakinthos ist ja nicht gerade eine Großstadt, in der Menschen einfach verschwinden können. Auf der Insel im Ionischen Meer leben ein paar tausend Menschen, die meisten in der gleichnamigen Hauptstadt. Wo sind sie also geblieben, die siebenhundert Boatpeople, die damals von den Inselbewohnern mit rührender Anteilnahme aufgenommen worden waren?

Der Ausländerbeauftragte ist auch am nächsten Tag nicht zu finden. Nun erbarmt sich Polizeichef Costas Venardos unser. Er blättert eine Weile in seinen Akten, starrt angestrengt auf den Bildschirm seines Computers, fragt seine Assistentin, die ihren Schreibtisch im selben Raum hat. Und siehe da, Herr Venardos weiß anscheinend doch etwas. «Siebenhundertzweiundvierzig Leute waren es.» – «Nein», wirft seine Assistentin ein, «nur siebenhundertsiebenunddreißig.» – «Stimmt, einige wurden erst hier geboren, die Mütter kamen hochschwanger von Bord.»

Aber bitte, Herr Venardos, wenn Sie das alles wissen, dann müssten Sie uns eigentlich sagen können, wo wir sie finden können.

Wieder ein Hin und Her zwischen dem Polizeichef und seiner Assistentin, schließlich sagt er: «Fahren Sie nach Laganas, da finden Sie bestimmt welche.»

Laganas, der Strandort im Süden der Insel, da wo die Touristenhotels sind?

«Genau, und die Leute von der *Erenler* sind die, die den Touristen den Ramsch verkaufen.» Der Polizeichef lacht, als habe er einen vorzüglichen Witz gemacht. Seine Assistentin fällt in das Lachen ein.

Doch in Laganas sind auch keine Leute von der *Erenler* zu finden. In der schönen Nachsaison im Herbst 2003 versuchen tatsächlich ein paar Schwarzafrikaner den Touristen Souvenirs zu verkaufen. Aber keiner von ihnen will seinerzeit auf dem Seelenverkäufer, der immer noch im Hafen liegt, hierher gekommen sein. Und das dürfte stimmen. Denn die meisten waren Kurden aus der Türkei, fast fünfhundert. Die zweitgrößte Gruppe waren Iraker, über hundert, die übrigen waren Afghanen, Iraner und Pakistani. Einige wenige stammten aus Ostafrika. Aber niemand kam aus dem subäquatorialen Afrika, aus dem jene Souvenirhändler zumeist stammen, die während des Sommers durch die Touristenorte an der Mittelmeerküsten ziehen.

Allem Anschein nach haben tatsächlich viele der über

siebenhundert Passagiere der *Erenler* Zakinthos längst verlassen. Das ursprüngliche Ziel der rostigen Nussschale war angeblich Italien gewesen. Viele der Kurden, das wurde nach ihrer Aufnahme deutlich, hatten Kontakt zu Verwandten und Bekannten anderswo in Europa. Und auf der Fähre nach Killini, zum griechischen Festland, wird nicht kontrolliert, wer woher kommt oder wohin er will. Aber dennoch: Es kann doch nicht angehen, dass niemand weiß, wo die Siebenhundertsiebenunddreißig hingegangen sind, dass niemand zu sagen vermag, ob einige auf Zakinthos geblieben sind.

Im Spätherbst 2001 hatte der Präfekt der Insel der Athener Zentralregierung ein Ultimatum gesetzt. Seit Anfang November kümmerte man sich um die Gestrandeten, mit einer Selbstlosigkeit, dass die Athener Tageszeitung *Eleftherotypia* von einer «Lektion in Sachen humanitärer Umgang» sprach. Ab Dezember, so der Präfekt, solle aber bitte schön Athen sich der Flüchtlinge annehmen.

Genauso gut hätte Dionysios Gasparos den Meeresschildkröten, die in der südlichen Bucht der grünen Insel nisten, befehlen können, im Winter ihre Eier zu legen. Der damalige Ministerpräsident Kostas Simitis ließ lediglich seinen Regierungssprecher erklären, die siebenhundert Gestrandeten seien jedenfalls «keine politischen Flüchtlinge». Um dann die Gelegenheit beim Schopf zu packen und seinerseits eine Forderung zu stellen. Simitis forderte nichts Geringeres als eine «gemeinsame Asyl- und Zuwanderungspolitik» für Europa. Das südöstlichste Land Europas war im Jahr 2001 noch einer der jüngeren Schengen-Staaten. Das Abkommen war gerade erst in Kraft getreten, und dies unter vielen Vorbehalten von Seiten der Schengen-Gründer.

In Griechenland begann sich erst noch herumzusprechen, dass man als Schengen-Staat zu einem begehrten Zufluchtsort wird. Allein in den ersten neun Monaten des Jahres 2001 wurden über zweihunderttausend illegale Einwanderer aufgegriffen. Athen war in zweierlei Hinsicht notorisch: zum einen als Austragungsort der Olympischen Spiele 2004 – ohne die massive Beschäftigung illegaler Bauarbeiter wären die Sportanlagen und Einrichtungen nie rechtzeitig fertig gestellt worden –, zum anderen als «Europas goldenes Tor» für aus dem Osten eingeschleuste Prostituierte. Gelitten wurden seit jeher die Albaner, die einfach zu Fuß über die grüne Grenze kamen und sich im ganzen Land als billige Arbeitskräfte verdingten. Auch Kurden, denen wegen ihrer Opposition zur Türkei immer gewisse Sympathien entgegengebracht wurden, erhielten von der Polizei in der Regel ohne Probleme eine dreimonatige Aufenthaltsbewilligung, mit dem Hinweis, danach aber gefälligst das Land zu verlassen. Die wenigsten dürften freiwillig länger geblieben sein angesichts der gnadenlosen Ausbeutung, der sie ausgesetzt sind: Ein Platz auf dem Boden eines Riesenschlafsaals kostet zum Beispiel 2,50 Euro pro Nacht.

Griechenland musste erst noch lernen, was die übrigen Schengen-Staaten schon seit längerem wussten: dass es unmöglich ist, demokratisch verfasste, auf freien Handel angewiesene Staaten so abzuschirmen, wie sich einst der Ostblock abschirmte. Griechenland hat über neuntausend Inseln. Es grenzt an mehrere «heikle» Staaten wie die Türkei, Bulgarien, die ehemals jugoslawische Republik Mazedonien und Albanien. Trotz ständiger Verstärkung der Grenzschutztruppen, trotz des Einsatzes modernster Techniken stieg nun auch in Griechenland stetig die Zahl derer, die sich auf immer neuen Wegen illegalen Zutritt ins vereinigte Europa verschafften.

Im August desselben Jahres 2001 wurde der deutsche Segler Christian Alfred Erwin B. in der Nähe von Izmir an der westtürkischen Küste festgenommen. B., der zuletzt in Hamburg gemeldet war, hatte gemeinsam mit einem syrischen Komplizen seine Yacht «Anna», ein schönes altes Schiff, vor dem Dorf Sigaçik verankert. Im Morgengrauen bemerkten türkische Wasserschutzpolizisten ein kleines Schlauchboot, das mit acht Personen zur Yacht übersetzte. An Land warteten achtzehn weitere Flüchtlinge, Afghanen, Iraker und Palästinenser. Am selben Abend noch wurden die Migranten sowie B. und sein Komplize dem Haftrichter vorgeführt, der B. als mutmaßlichen Drahtzieher und Menschenhändler anklagte. B. behauptete mit Unschuldsmiene: «Ich bin Tourist, mache hier Urlaub.» Der Richter blieb bei dem Vorwurf, B. habe die Flüchtlinge zu einer griechischen Insel bringen wollen, für fünfhundert Dollar pro Person. Der Verdacht schien mehr als begründet. Nur wenige Tage zuvor hatten Schleuser dreiunddreißig illegale Einwanderer von der türkischen Ägäisküste nach Griechenland gebracht und auf einer unbewohnten Insel abgesetzt, wo sie von griechischen Patrouillenbooten aufgegriffen wurden. Die Zahl der in den ersten sechs Monaten des Jahres 2001 von der griechischen Küstenwache allein in der Ägäis aufgegriffenen Migranten war damit auf über dreitausend angewachsen. Und die Regierung in Athen gab bekannt, was in den alten Schengen-Staaten längst übliches Ritual war: Es würden zusätzlich zu den bereits dreitausend vorhandenen Grenzpolizisten weitere vierhundertfünfzig eingestellt.

Am 19. September 2001 dann meldete *dpa* kurz und knapp: «Insgesamt 291 illegale Einwanderer sind am frühen Mittwochmorgen an Bord einer griechischen Fähre in der westgriechischen Stadt Igoumenitsa angekommen. Die Flüchtlinge waren zuvor von der griechischen Marine von einem Kutter geholt worden, der im Ionischen Meer in Seenot geraten war. Wie der griechische Rundfunk weiter berichtete, seien die Menschen trotz der mehrtägigen Reise und der Wasserknappheit auf dem rund dreißig Meter langen Fischerboot wohlauf. Fünfzehn wurden vorübergehend in ein Krankenhaus gebracht. Von den Schleusern fehle jede Spur, hieß es.»

Man muss fast froh sein, dass keine Schleuser zu entdecken waren. Denn die griechischen Beamten legten im Umgang mit Schleusern eine noch härtere Gangart vor als die Truppen des General Sbarra und seiner Finanzieri weiter nördlich im Adriatischen Meer. Im März jenes Jahres hatten sie mit gezieltem Feuer von einem Küstenwachboot ein Schnellboot versenkt, das von der albanischen Küste Kurs auf die nur vier Seemeilen entfernte Touristeninsel Korfu genommen hatte. Und im August, etwa zu der Zeit, als der deutsche Skipper B. seine Unschuld beteuerte, kam ein türkischer Schleuser nicht mehr dazu, irgendwelche Schutzbehauptungen gegenüber irgendwem zu machen. Als er von der griechischen Insel Kos, wo er gerade neun illegale Einwanderer aus dem Irak abgesetzt hatte, zum türkischen Festland flüchten wollte, nahmen die Griechen sein Schnellboot unter Beschuss. Der dreiundzwanzigjährige Türke wurde tödlich getroffen.

Der Beitritt zur EU hatte den Griechen Wohlstand gebracht. Man musste nicht mehr ins Ausland gehen, um besser zu verdienen. Ja, man konnte jetzt sogar selbst «Gastarbeiter» beschäftigen. Mit dem Beitritt zum Vertrag von Schengen ist eine ganz andere Situation eingetreten: Verzweifelte Immigranten aus der ganzen Welt sind aufgetaucht, weil Griechenland für sie der Schengen-Staat ist, dessen Grenzen am wenigsten zu schützen sind. Früher wurden an Griechenlands Küsten pro Jahr etwa zweitausend Flüchtlinge gezählt. Ein Jahr nach dem Schengen-Beitritt waren es schon mehr als sechstausend. Der Anstieg lässt sich nicht mit Kriegen und

Krisen wie jener am Hindukusch oder an Euphrat und Tigris erklären. Die Zahl derer, die aus dem Krisengebiet flohen und Westeuropa erreichten, ist am Ende dann doch überall verschwindend gering geblieben, auch in Griechenland. George Karipsiades, Berater des ehemaligen Ministerpräsidenten Simitis, brachte die veränderte Situation auf die Formel: «Für die Schiffe mit dem Ziel Nirgendwo ist das Nirgendwo jetzt Griechenland.»

Die neue Situation, das bedeutet auch eine neue, schreckliche Art von Menschenhandel. Ihre Opfer sind Kinder. Man kann sie in der nordgriechischen Hafenstadt Thessaloniki sehen. Dorthin wurden nach Schätzungen der britischen Hilfsorganisation «Save the Children» rund tausend albanische Minderjährige verschleppt. Sie stammen zumeist aus Elbasan, der völlig verfallenen Bezirkshauptstadt fünfzig Kilometer südöstlich von Tirana. Viele von ihnen wurden regelrecht geraubt. Andere wurden verkauft oder vermietet. Den neuen Besitzern bringen sie viel Geld ein, denn die Kinder haben ihnen täglich hundert Euro abzuliefern.

Wie sie an das Geld kommen, ist leicht zu beobachten. Wer sich in eines der beliebten Restaurants am Athonosplatz in Thessaloniki setzt, erlebt es am eigenen Leib. Die Kinder, manche noch keine sechs Jahre alt, betteln die Gäste an. Sie verkaufen Heiligenbildchen. Sie legen irgendwelche Andenken, kleine Gebrauchsgegenstände oder Süßigkeiten auf die Tische, kehren wieder, nachdem sie die Runde gemacht haben, in der Hoffnung, dass die Gäste ihnen die Sachen nicht zurückgeben, sondern abkaufen. Früher sahen sie verwahrlost aus. Das gehörte zur Strategie ihrer «Besitzer». Sie zwangen die Kinder, Shampoo zu trinken, ließen sie nicht schlafen, damit sie krank aussahen. Aber das rief Hilfsorganisationen auf den Plan, die die Polizei einschalteten. Die Menschenhändler reagierten mit einer Doppelstrategie. Sie drohten Mitarbeitern der Hilfsgruppen mit Gewalt, gleichzeitig ließen sie die Kindersklaven jetzt adrett gekleidet und sauber auf Betteltour gehen. Sie schlagen die Kleinen weiterhin, damit sie nicht reden – jetzt aber so, dass die Verletzungen nicht zu sehen sind. Und wo diese bedauernswertesten aller Opfer landen, jedenfalls die weiblichen, ließ sich aus der belgischen Polizeistatistik für das Jahr 2002 ablesen: Knapp die Hälfte aller minderjährigen Ausländerinnen, die in diesem Schengen-Staat zur Prostitution gezwungen wurden, waren albanische Mädchen im Alter von vierzehn bis fünfzehn Jahren.

Von alldem ist auf der beschaulichen Insel Zakinthos wenig zu spüren. Noch immer liegt, wie gesagt, das Wrack der *Erenler* im Hafen. Zunächst hatte es fest vertäut etwas abseits der Rundfahrtschiffe gelegen. Dann wurde es auf die andere Hafenseite geschleppt, wo alte Fischerboote und Yachten, deren Reparatur nicht mehr lohnt, vor sich hin gammeln. Einige von diesen Schiffen bieten Obdachlosen eine heimliche Unterkunft. Auf die *Erenler* aber würde keiner von ihnen gehen. Überall auf den Bordwänden warnen blauweiße Aufkleber – die griechischen Nationalfarben – vor Rattengift. An den Tauen sind Manschetten angebracht worden, um eine neue Ratteninvasion zu verhindern. Aus den beiden offenen Laderäumen, die mit Holzplanken zu schließen waren, weht auch fast zwei Jahre nach dem Unglück noch ein beißender Geruch von Fäkalien und Erbrochenem. Der Name des Unglücksfrachters ist grau überstrichen, ebenso die Buchstaben IST für den Herkunftsort Istanbul, in aller Hast, die türkische Besatzung wollte sich nicht zu erkennen geben.

Als die *Erenler* am 5. November 2001 bei stürmischer See – die Windstärke erreichte zehn Beaufort – manövrierunfähig vor Zakinthos trieb, geschah dies völlig unbemerkt von der kleinen Station der griechischen Küstenwache. Einer der Leute an Bord konnte per Handy glücklicherweise einen Verwandten in der Türkei erreichen. Diesem Verwandten gelang das Unmögliche, nämlich die griechischen Behörden von dem Schiff in Seenot zu unterrichten. Die Besatzung eines Hubschraubers entdeckte schließlich die *Erenler*. Das Ministerium der Handelsmarine gab darauf dem Kapitän der Fähre, die zwischen Zakinthos und Killini auf dem Festland pendelt, Befehl, mit seinem Radar den Havaristen zu suchen. Aber das Fährboot war viel zu groß, um Seite an Seite mit dem Frachter zu gehen, und so liefen noch zwei Fischerboote zur Rettungsaktion mit aus. Zu dritt schleppten sie die *Erenler* in Richtung Festland. Sie konnten die Flüchtlinge nicht zählen, glaubten, es seien weit mehr als tausend. So viele, dachten sie, könnten auf der Insel nicht versorgt werden. Wieder kam ein Befehl aus Athen: «Auf keinen Fall zum Festland! Weitere Anweisungen abwarten.» Es war dann der Abgeordnete Dionisi Bouskos, ein Mitglied der sozialdemokratischen Pasok-Partei von Ministerpräsident Simitis, der entschied, die *Erenler* solle sofort in den Hafen seiner Inselgemeinde Zakinthos geschleppt werden.

Die Helfer wagten aber nicht, das Schiff an der Mole festzumachen. Sie ließen es dreißig Meter davor vertäuen. Bouskos ging an Bord, mit ihm ein Arzt und drei Krankenschwestern des örtlichen Spitals. Zuerst brachten sie die Frauen und Kinder an Land, hundertfünfunddreißig unterkühlte und halbverdurstete Geschöpfe. Ein Baby war nur wenige Tage alt, seine Mutter hatte es auf dem Fußmarsch durch die Berge Anatoliens geboren. Als Nächstes wurden dreißig schwer kranke Männer vom Schiff geholt. Schließlich, am dritten Tag nach der Havarie, die übrigen. Man untersuchte sie notdürftig im Hafen, gründlicher dann im Krankenhaus, später kamen die von Athen geschickten Seuchenärzte. Der erste Schlafplatz der Flüchtlinge auf dem Festland war die Sporthalle, dann wurden sie zu sechst oder siebt im Urlaubshotel «Arkadios», zwanzig Kilometer außerhalb der Stadt, untergebracht. Die Inselbewohner brachten ihnen alles, was sie zum Leben brauchten: Kleidung, Lebensmittel, Medizin. Die Gemeinde zahlte für das Hotel, immerhin forderte der Besitzer 1,5 Millionen Drachmen pro Tag, fast 4500 Euro. Man veranstaltete sogar ein Fest. Nur die Milch wurde in jenen Novembertagen knapp. Da gaben die Schulkinder von ihrer ab. Auch die Männer der Küstenwache waren hilfsbereit, spendeten Telefonkarten. Dem Kapitän der *Erenler* und seinen sechs Matrosen wurde der Prozess gemacht. Sie wurden ausnahmslos zu je zehn Jahren Haft und fünfzehn Millionen Drachmen, also rund 45 000 Euro, Geldstrafe verurteilt.

Nabil Eldarak, ein Elektroingenieur aus Bethlehem, der dreißig Jahre zuvor nach Griechenland gekommen war, eine Griechin geheiratet und sich auf Zakinthos niedergelassen hatte, war einer derer, die von der ersten Stunde an halfen. Er spricht Englisch und Arabisch, konnte übersetzen. Daher wusste er besser als jeder andere über das Woher und Wohin der Flüchtlinge Bescheid. Eldarak äußerte damals, vier Wochen nach der Landung der *Erenler*, resigniert: «Die Regierung tut nichts.» Und das, obwohl es das erste Mal war, dass eine so große Zahl von Flüchtlingen auf einer griechischen Insel angekommen war.

Und zur selben Zeit äußerte in seinem Büro im Athener Parlamentsgebäude der Jurist und Simitis-Berater Karipsiades, wie Griechenland vorgehen wolle, um die Ziele Schengens zu erreichen. Das Hauptaugenmerk lag auf der Türkei. Das Verhältnis Griechenlands zu seinem Erzfeind hatte sich entspannt, seit griechische Helfer bei einer Erdbebenkatastrophe 1999 als Erste in Istanbul eingetroffen waren. George Karipsiades glaubte, das Klima sei günstig, um den Nachbarn zu bewegen, stärker bei der Rücknahme illegaler Einwanderer zu kooperieren. Kurz zuvor erst war Karipsiades gemeinsam mit Kollegen aus Deutschland und Belgien in Ankara gewesen. Und er hatte etwas vorzuweisen, ein, wie er es nannte, «neues Baby» – ein bilaterales Polizeiabkommen.

Es enthält allerdings problematische Ausführungsbestimmungen. Türkische Staatsangehörige müssen nämlich, versehen mit sämtlichen Papieren, binnen zehn Tagen überstellt werden, Angehörige anderer Staaten binnen dreißig Tagen. Dazu, das wusste auch Karipsiades, sind die griechischen Behörden schlechterdings nicht in der Lage. Und er sah zu Recht auch einen gehörigen Mangel an Durchsetzungswillen auf der anderen Seite. «Wie kann es ein Flüchtling schaffen, trotz aller Polizeikontrollen in der Türkei unbehelligt von Südanatolien nach Izmir zu kommen?», fragte er. Eine rein rhetorische Frage, deren Antwort jeder kennt: Korruption und Desinteresse. Mehr als auf die Nachbarländer hoffte er daher auf Westeuropa. Die Schengen-Staaten, das war der Kern seiner damaligen, von seinem Chef Simitis aufgegriffenen Initiative, sollten «gemeinsam» die Grenzen kontrollieren. Griechenland forderte 2001 nichts Geringeres als eine gesamteuropäische Grenzpolizei. Wäre es dazu gekommen, dann würden heute Beamte des Bundesgrenzschutzes an der Mole von Zakinthos stehen. Hätten sie ein Schiff wie die *Erenler* anlegen lassen? Hätten sie es abgewiesen? Wüssten sie heute, wo die siebenhundertsiebenunddreißig Passagiere zu finden sind? Die Fragen sind müßig. Auch im Jahr 2004 ist es noch nicht zu einer gemeinsamen europäischen Grenzkontrolle gekommen, die diesen Namen verdient hätte.

Einige wenige der auf der Insel Gestrandeten haben wir

dann doch noch gefunden. Mit Hilfe derer, die sich aus Nächstenliebe im November 2001 den Anweisungen der Polizei widersetzt und die Menschen in Not von dem Frachter geholt hatten.

Eine von ihnen ist jetzt, im Herbst 2003, neunzehn Jahre alt. Eine Insulanerin, die ein kleines Geschäft betreibt, hatte das Mädchen bei sich aufgenommen und fortan wie eine eigene Tochter behandelt. Schon Weihnachten 2001 verbrachte es in dem Haus der griechischen Familie.

Das Mädchen willigt nach einigem Zögern ein, sich mit uns zu treffen. Aber sie will auf keinen Fall ihren Namen nennen. Sie hat Angst. Aber vor wem? Den Schleppern? Den griechischen Behörden, die ihr eine Duldung für ihr Land gaben? Ihre Aufenthaltsgenehmigung ist nur für jeweils sechs Monate gültig. Oder vor der Polizei daheim? Will sie woanders hin in Europa und daher nichts verraten? Sie sagt nichts. Sie weint. Ihre Ziehmutter erzählt uns in groben Zügen die Geschichte des Mädchens.

Sie wurde in Eritrea geboren. Sie hatte vier Geschwister. Der Vater, ein Elektriker, zog um nach Äthiopien. In der Hauptstadt Addis Abeba fand er Arbeit, verdiente genug, um alle Kinder auf die Schule schicken zu können. Eines Tages im Jahr 1998 kam das Mädchen nach Hause. Das Haus war verrammelt. Niemand schien drinnen zu sein. Sie konnte die Familie nicht finden. Von der äthiopischen Polizei wurde sie nach Eritrea gebracht, von der eritreischen Polizei dann in ein Lager im Sudan gesteckt. Zweimal ging sie in ihr Heimatland, beide Male vergebens, von der Familie keine Spur. Immer wieder kamen Schlepper in das Lager. Sie weiß nicht mehr genau, wann es war, vermutlich im September 2001, als ein Mann namens Abraham sie und einige andere Mädchen wie ein Vater zu sich nahm und mit anderen Männern und deren «Kindern» einen großen Clan bildete. Drei Männer und fünfundzwanzig Mädchen waren sie, als sie in einen Bus stiegen, der sie, die junge Frau weiß auch dies nicht genau, durch irgendwelche Länder Nordafrikas fuhr. Immer nur nachts, bis sie an eine Küste kamen, an der sie auf ein Schiff stiegen, einen richtigen Frachter, viel größer als die *Erenler*.

Auf hoher See wechselten sie über auf das winzige türkische Schiff. Das Wetter hielt noch. Aber sie hatten nichts. Kein Wasser, kein Essen, kein Geld – Abraham hatte für die Passage bezahlt. Es war so eng, dass sie nur stehen konnte. Es bestand keine Chance, zu der einen Toilette zu gelangen. Unter den Kurden an Bord brachen Kämpfe aus. Ein Kurde wollte Abraham, ihren «Papa», umbringen, weil er meinte, dieser habe ihm mit Absicht ein Bein gestellt.

Wenige Tage vor der Havarie sagte einer von der Schlepper-Bande: «Wir sind jetzt nahe an Italien.» Aber da zog der Sturm auf. Und die Muslime riefen: «Allah, Allah», und sie selber: «Mein Gott, wir werden alle sterben.» Als schon keiner mehr an Rettung glaubte, die Schiffsmaschine lief längst nicht mehr, hörten sie Flugzeuge, sahen die Lichter von Schiffen, meinten, es seien Italiener, die sie retten würden. Einer der Kurden riss sich das Hemd vom Leib, zündete es an. Andere machten Licht mit Feuerzeugen. Es war dann die Fähre von Zakinthos, die sie an den Haken nahm. Als sie im Hafen von Zakinthos lagen, sagten die Kurden, sie wollten nicht nach Griechenland, sie wollten nach Italien. Die junge Eritreerin wollte nur eins: an Land.

Das war ein Montag, gegen 17 Uhr. Doch das Schiff wurde ja nicht an die Hafenmauer gezogen. Am nächsten Tag gegen Mittag fassten die eritreischen Mädchen sich ein Herz und sprangen einfach ins Wasser.

Während die griechische Pflegemutter das erzählt, will das

junge Mädchen sie immer wieder unterbrechen, will weg, will nichts mehr davon hören. Es ist geflohen aus Äthiopien. Es befindet sich auf Zakinthos. Aber es ist nicht angekommen in Europa. ■

Ein Teil der Lösung

■ Brauchen wir Zuwanderung? Die Antwort lautet ja und nein. Je nachdem, was man will. Will man eine vergreiste Republik, die ihren Wohlstand verzehrt, ohne Neues zu schaffen, dann kommt man ohne Einwanderer aus. Will man hingegen die Leistungsfähigkeit der Bundesrepublik erhalten, den Rückgang der Bevölkerung verhindern, die so genannte Brainpower steigern, dann müssen Ausländer rein, und dies bedeutet, dass sie die Möglichkeit erhalten, Staatsbürger zu werden, um sich zu integrieren.

Deutschland wird jährlich um zweihunderttausend Bürger kleiner, da mehr Menschen sterben als geboren werden. Seit den siebziger Jahren liegt das Geburtenniveau um etwa ein Drittel unter dem Stand, der für den so genannten Generationenersatz erforderlich ist. Es wächst ein demografisches Problem von ungeheuren Ausmaßen heran, doch die Politiker ignorieren es. Die Debatte, so sie überhaupt geführt wird, ist von Emotionen besetzt. Wer in Deutschland das Wort «Bevölkerungspolitik» in den Mund nimmt, muss sich genau überlegen, was er sagt. Eine verständliche Folge des Rassenwahns der Nazis. Wer aber «Einwanderung» fordert, dem wird, zumindest indirekt, vorgehalten, er wolle Betrügern, die unser Sozialsystem und unser Gesundheitswesen belasten, Tür und

Tor öffnen, er nehme in Kauf, dass sich Kriminelle und Terroristen bei uns einnisten. Demografische Argumente werden daher selten öffentlich diskutiert.

Seit Jahren suchen Experten nach einer idealen Rentenformel für die Zukunft. Kommissionen über Kommissionen basteln an der Krankenversicherung. Ein Bild für die Gesellschaft von morgen ist dabei nicht entstanden. Was werden wir für ein Lebensgefühl haben? Wie wird die Überalterung die Verteilung beeinflussen? Wir wissen es nicht.

Was der demografische Wandel bedeutet, ließe sich mit einer Landkarte und weißer Tusche zeigen. Man müsste Jahr für Jahr eine Großstadt von zweihunderttausend Einwohnern weiß übermalen. Wenn man im Jahr 2000 damit begonnen hätte und bis 2050 weitermachte, dann hätte die Karte fünfzig solcher weißer Flecken. Das wird in der Wirklichkeit so nicht passieren. Aber was im Osten der Republik längst normal ist, der so genannte Rückbau, also der Abriss von Wohnhäusern, das Schließen von Schulen und Kindergärten, die Verarmung der Gemeinden, der Verfall von Infrastruktur, das wird dann auch den Westen erfasst haben. Spätestens dann wird eine Gesellschaft entstanden sein, in der sich der Anteil der über Achtzigjährigen auf zwölf Prozent beläuft, der Anteil der über Fünfzigjährigen ungefähr die Hälfte ausmacht. Die Vereinten Nationen haben für Deutschland errechnet: Will man den Altenquotienten – das ist die Zahl der Personen im Rentenalter auf hundert Erwerbstätige – noch im Jahre 2050 auf dem Niveau des Jahres 2000 halten, dann müssten bis dahin rund hundertachtzig Millionen Menschen eingewandert sein. Eine so hohe Zahl von Einwanderern ist natürlich undenkbar. Um die Renten-, Gesundheits- und Sozialprobleme zu lösen, muss anderes geschehen, als nur Fremde ins Land zu holen. Indes: Um die Gesellschaft eini-

germaßen stabil zu halten, wird man langfristig nicht umhin-
kommen, etwa zweihunderttausend Menschen pro Jahr ins
Land zu lassen beziehungsweise den hier geborenen Kindern
von Ausländern die Staatsbürgerschaft zuzubilligen, so wie
das in den Vereinigten Staaten der Fall ist. Wer sich qualifi-
ziert, wer integrationswillig ist, wer gebraucht wird, der soll
im Rahmen einer jährlich festzulegenden Quote einwandern
und die Staatsbürgerschaft annehmen können, wer hier geboren wird, soll auch Deutscher sein. Punktum.

Die Zahl Zweihunderttausend entspricht der Schrump-
fungsrate. Sie kann sich ändern. Prognosen haben es nun
einmal an sich, dass sie nicht immer zutreffen. Verändern sich
die Verhältnisse, dann variiert auch diese Zahl.

Die Zahl entspricht den gegenwärtigen Verhältnissen.
Doch auch diese Zahl sagt nicht alles aus. In Wirklichkeit
schrumpft die Bevölkerung Deutschlands überhaupt nicht.
Es schrumpft lediglich die Zahl der Deutschen. Die letzten
genauen Angaben vor Drucklegung dieses Buches stammen
vom Juli 2003. Sie kommen vom Statistischen Bundesamt in
Wiesbaden. Wenig beachtet, aber sensationell: Dank des so
genannten Zuwanderungs-Überschusses blieb die Bevölke-
rungszahl im Jahr 2002 nahezu konstant. In jenem Jahr zogen
219 000 mehr Menschen ins Bundesgebiet ein als ausreisten.
Zugleich starben 122 000 mehr Menschen als geboren wurden.
So wuchs die Bevölkerung ein klein wenig, um 0,1 Prozent
auf 82 537 000.

Jürgen Dorbritz vom Bundesinstitut für Bevölkerungs-
forschung machte damals zu Recht darauf aufmerksam, dass
das Hauptproblem der sozialen Sicherungssysteme, die Überalterung, damit nicht gelöst sei, dass aber die Zuwanderung
immerhin dieses Problem etwas «abfedern» könne.

Aber auch das Abfedern funktioniert nur dann, wenn die

Zuwanderer legal hier sind, wenn sie Steuern und Sozialabgaben zahlen. Noch können unsere Politiker diese Tatsachen ignorieren, die Probleme sind noch nicht so virulent, dass sie sich zum Handeln gezwungen sähen. Frank Schirrmacher prognostizierte in seinem Buch *Das Methusalem-Komplott*: «Der wirkliche Schock ereignet sich in Deutschland vermutlich zwischen 2010 und 2020. Die Generation der zwischen 1960 und 1970 Geborenen wird in diesem Jahrzehnt in ihre ganz persönliche Alterskrise kommen.»

Für das von Otto Schily gestartete Zuwanderungs- und Integrationsgesetz, das anspruchsvollste und in seiner Ausarbeitung klarste Reformprojekt der rot-grünen Bundesregierung, für dieses Gesetz wird es dann zu spät sein. Aber wer weiß, vielleicht wird die ursprüngliche Reformidee von historischem Rang unter dem spürbaren Druck der Entwicklung dann doch noch Wirklichkeit. Bereits im Oktober 2003 befand Heribert Prantl treffend in der *Süddeutschen Zeitung*, auf Grund der Zugeständnisse an die Union sei ohnehin nur ein unzulängliches Einwanderungs-Verhinderungsgesetz zu erwarten gewesen: «Dann hätte man zwar ein Gesetz, das sich Rot-Grün und Schily an die Brust stecken können, es wäre aber ohne aktuelle Rechtsbedeutung. Der Titel fürs nächste Konzert im Reichstag sollte dann lauten: Requiem für ein tiefgefrorenes Gesetz.» Es kam aber bekanntlich noch schlimmer. Nach dem 11. März 2004 nutzte die Union zusätzlich zu ihrer Taktik, die Bundesregierung immer wieder auflaufen zu lassen, auch noch die Terrorangst, um das Reformvorhaben zu einem Zuwanderungsgesetz ohne Zuwanderung zurückzuschneiden.

Dabei war Deutschland schon immer ein Einwanderungsland. Im Jahre 1685 erreichten mehr als sechstausend Hugenotten aus Frankreich das rettende Berlin, wo sie der Große

Kurfürst willkommen hieß. Friedrich der Große sollte später über sie sagen: «Sie brachten uns all die Manufakturen, die uns fehlten.» Sie bauten übrigens auch die Friedrichstadtkirche am Berliner Gendarmenmarkt, eines der schönsten Bauwerke unserer Hauptstadt. Generationen von Polen kamen im 19. Jahrhundert ins Ruhrgebiet, wo sie die Kohle für die Industrialisierung Deutschlands förderten. Und auch die nach dem Zweiten Weltkrieg entstandene Bundesrepublik war stets auf Einwanderer angewiesen. Deutschland war zum Beginn des neuen Jahrtausends sogar kurz davor, dies auch offen zu akzeptieren und sich das von Schily auf den Weg gebrachte moderne Zuwanderungsgesetz zu geben. Bis der Terror kam – und Ausländer wieder Angst machten.

Am 10. September 1964 traf auf dem Bahnhof Köln-Deutz der Portugiese Armando Rodriguez ein. Er war der millionste «Gastarbeiter» in der Bundesrepublik und wurde mit einem Strauß Nelken, einem «Diplom» sowie einem zweisitzigen Moped der Marke Zündapp willkommen geheißen. 1973 aber schien der damaligen sozial-liberalen Bundesregierung der deutsche Arbeitsmarkt mit 2,6 Millionen Gastarbeitern gesättigt. Sie erließ einen Anwerbestopp. Der brachte unerwartete Nebenwirkungen. Wer schon in Deutschland war, holte die Familie nach. So sank die Zahl der ausländischen Beschäftigungen, während zugleich die Wohnbevölkerung wuchs, eine Wohnbevölkerung, die nicht in die sozialen Systeme einzahlte, aber von ihnen lebte. 1999 startete die CDU in Hessen eine Unterschriftskampagne gegen die von der Bundesregierung aus SPD und Grünen beabsichtigte doppelte Staatsbürgerschaft. Die Union gewann die Landtagswahl damit. Und das rot-grüne Gesetz scheiterte. Aber schon 2000 auf der Computermesse «Cebit» startete Bundeskanzler Schröder die von Joschka Fischer ersonnene Green-Card-Initiative und brachte eine neue Einwanderungsdebatte in Gang. Es wurde zwar nur für dreißigtausend ausländische Computer-Fachleute der Anwerbestopp außer Kraft gesetzt (und es fanden bis zum 30. Juni 2003 nur 14 566 Green Cards ihre Interessenten), aber noch stand der Geist auf Zuwanderung. Schilys Gesetz wurde von der Bundesregierung verabschiedet, in den Bundesrat eingebracht, wo es zu einem von dem hessischen Ministerpräsidenten Roland Koch inszenierten Eklat kam. Das Gesetz schien durch, doch im Streit, ob es rechtmäßig erlassen worden sei, entschied das Bundesverfassungsgericht: nein. Seither herrscht Eiszeit.

Aber selbstverständlich wird de facto auch ohne Gesetz gehandelt. Die Ausländer kommen. Sie werden gebraucht. Aber sie kommen illegal. Und so kommen auch viele, die wir nicht wollen. Wir vergeben uns die Möglichkeit, die Einwanderung nach unseren Bedürfnissen zu steuern. Und die Illegalen zahlen weder Steuern (außer der Mehrwertsteuer) noch Sozialabgaben. Wie bedeutend der Anteil von Arbeitsmigranten, legalen und illegalen, für die Weltwirtschaften ist, das hielten die Finanzminister der sieben wichtigsten Industrienationen bei ihrem Treffen in Boca Raton im amerikanischen Bundesstaat Florida fest, als sie dafür plädierten, die Bankgebühren für internationale Überweisungen zu senken. Der Gegenwert von fünfundneunzig Milliarden Dollar würde jährlich von ihnen in ihre Heimatländer überwiesen, noch mal so viel, womöglich sogar das Doppelte, würde auf informellen Wegen fließen, über religiöse und ethnische Netzwerke, in denen vertraute Boten Bargeld um den ganzen Globus tragen. Dieser Transfer ist bereits wichtiger für die Wirtschaften der Entwicklungsländer als die staatliche Entwicklungshilfe. Und er zeigt an, wie viel Geld auch in den schlecht bezahlten illegalen Jobs zusammenkommt, Geld, von dem dann aber kein fairer Anteil für die Sozialsysteme der Länder abfällt, in denen es verdient wird.

Der Druck von außen wird nicht nachlassen. Die Globalisierung hat es mit sich gebracht, dass der Abstand zwischen den Einkommen der Menschen in den ärmsten und in den reichsten Ländern größer ist als je zuvor. In den sechziger Jahren war das Verhältnis noch fünfzig zu eins, das heißt, in den reichsten Ländern verdienten die Menschen durchschnittlich fünfzigmal so viel wie in den ärmsten. Heute ist es hundertzwanzig zu eins. Und auch die Arbeitslosigkeit war noch nie so hoch wie heute: Über eine Milliarde Menschen weltweit sind entweder arbeitslos, haben zu wenig Arbeit oder arbeiten zu Hungerlöhnen. Millionen sehen den einzigen Weg aus ihrer Not in der illegalen Immigration.

Und dies ist neben dem Eigeninteresse an einer nachwachsenden, dynamischen Bevölkerung der zweite Grund für ein Einwanderungsgesetz: Der illegale Strom ist nicht zu steuern, der legale aber sehr wohl. Und: Wer geeignete, integrationswillige und arbeitsfähige Einwanderer aufnimmt, hat dann auch das moralische Recht, integrationsunfähige und arbeitsunwillige abzuweisen.

Kofi Annan hat bei der Verleihung des «Sacharow-Preises für geistige Freiheit» an die UN in Brüssel Anfang des Jahres 2004 in diesem Sinne an das Eigeninteresse der Europäer appelliert. Der Generalsekretär der Vereinten Nationen hielt den Europaparlamentariern in einer leidenschaftlichen Rede vor: «Einwanderer brauchen Europa. Aber Europa braucht auch Einwanderer!» Binnen der kommenden fünfzig Jahre werde die alternde Bevölkerung der erweiterten Europäischen Union von 452 auf unter 400 Millionen fallen. Ohne Einwanderung werde die Zahl der Bürger in Deutschland, Österreich und Italien um ein Viertel sinken. Europa sollte sich dringend auf eine «Politik der gesteuerten Einwanderung» verständigen, anstatt Zuwanderer «zu Sündenböcken für eine Vielzahl sozialer Probleme zu machen». Die Aufnahme und Integration von Immigranten sei eine moralische und rechtliche Pflicht und «Teil der Lösung» der europäischen Wirtschaftsprobleme. Annan forderte «breite Wege für legale Zuwanderung». Er erinnerte die Abgeordneten daran, dass die restriktive Asyl- und Einwanderungspolitik die Menschen massenhaft in die Fänge krimineller Schlepper-Banden treibe und damit zahllose von ihnen in den Tod: «Sie ersticken in Lastwagen, ertrinken im Meer oder sterben im Gepäckraum von Flugzeugen.»

Mit leiser Stimmer fügte er hinzu: «Diese stille Krise der Menschenrechte beschämt unsere Welt.» ■